This planner belongs to:

_____

_____

_____

_____

THANK YOU!

WE HOPE, YOU WILL ENJOY THIS PLANER.
IF YOU LIKE IT, FEEL FREE TO TELL YOUR FRIENDS,
OR LEAVE US A KIND REVIEW THAT HELPS OTHERS.

IMPRINT

INFORMATION ACCORDING TO § 5 TMG

HOLGER BRANDT MEDIENDESIGN
KNAPPENSTIEGE 10
45239 ESSEN (GERMANY)

VAT ID NO.   DE 322 503 041
PHONE.:   +49 178 134 989 4
MAIL: MOIN@HOLGERBRANDT.INFO

LICENSED GRAPHICS IN USE FROM

VECTEEZY.COM   PEXELS.COM   FREEPIK.COM

2021

January

Mo	Tu	We	Th	Fr	Sa	Su
28	29	30	31	1	2	3
4	5	6	7	8	9	10
11	12	13	14	15	16	17
18	19	20	21	22	23	24
25	26	27	28	29	30	31

February

Mo	Tu	We	Th	Fr	Sa	Su
1	2	3	4	5	6	7
8	9	10	11	12	13	14
15	16	17	18	19	20	21
22	23	24	25	26	27	28

March

Mo	Tu	We	Th	Fr	Sa	Su
1	2	3	4	5	6	7
8	9	10	11	12	13	14
15	16	17	18	19	20	21
22	23	24	25	26	27	28
29	30	31	1	2	3	4

April

Mo	Tu	We	Th	Fr	Sa	Su
29	30	31	1	2	3	4
5	6	7	8	9	10	11
12	13	14	15	16	17	18
19	20	21	22	23	24	25
26	27	28	29	30	1	2

May

Mo	Tu	We	Th	Fr	Sa	Su
26	27	28	29	30	1	2
3	4	5	6	7	8	9
10	11	12	13	14	15	16
17	18	19	20	21	22	23
24	25	26	27	28	29	30
31	1	2	3	4	5	6

June

Mo	Tu	We	Th	Fr	Sa	Su
31	1	2	3	4	5	6
7	8	9	10	11	12	13
14	15	16	17	18	19	20
21	22	23	24	25	26	27
28	29	30	1	2	3	4

July

Mo	Tu	We	Th	Fr	Sa	Su
28	29	30	1	2	3	4
5	6	7	8	9	10	11
12	13	14	15	16	17	18
19	20	21	22	23	24	25
26	27	28	29	30	31	1

August

Mo	Tu	We	Th	Fr	Sa	Su
26	27	28	29	30	31	1
2	3	4	5	6	7	8
9	10	11	12	13	14	15
16	17	18	19	20	21	22
23	24	25	26	27	28	29
30	31	1	2	3	4	5

September

Mo	Tu	We	Th	Fr	Sa	Su
30	31	1	2	3	4	5
6	7	8	9	10	11	12
13	14	15	16	17	18	19
20	21	22	23	24	25	26
27	28	29	30	1	2	3

October

Mo	Tu	We	Th	Fr	Sa	Su
27	28	29	30	1	2	3
4	5	6	7	8	9	10
11	12	13	14	15	16	17
18	19	20	21	22	23	24
25	26	27	28	29	30	31

November

Mo	Tu	We	Th	Fr	Sa	Su
1	2	3	4	5	6	7
8	9	10	11	12	13	14
15	16	17	18	19	20	21
22	23	24	25	26	27	28
29	30	1	2	3	4	5

December

Mo	Tu	We	Th	Fr	Sa	Su
29	30	1	2	3	4	5
6	7	8	9	10	11	12
13	14	15	16	17	18	19
20	21	22	23	24	25	26
27	28	29	30	31	1	2

Public holidays

NEW YEAR'S DAY	JANUARY 1, FRIDAY	NATIONAL
ISLANDER DAY	FEBRUARY 15, MONDAY	PEI
LOUIS RIEL DAY	FEBRUARY 15, MONDAY	MB
HERITAGE DAY	FEBRUARY 15, MONDAY	NS
FAMILY DAY	FEBRUARY 15, MONDAY	BC, AB, SK, ON, NB
GOOD FRIDAY	APRIL 2, FRIDAY	NATIONAL EXCEPT QC
EASTER MONDAY	APRIL 5, MONDAY	QC
VICTORIA DAY	MAY 24, MONDAY	NATIONAL EXCEPT NB, NS, NL
ABORIGINAL DAY	JUNE 21, MONDAY	NWT
ST. JEAN BAPTISTE DAY	JUNE 24, THURSDAY	QC
CANADA DAY	JULY 1, THURSDAY	NATIONAL
CIVIC HOLIDAY	AUGUST 2, MONDAY	AB, BC, SK, ON, NB, NU
LABOUR DAY	SEPTEMBER 6, MONDAY	NATIONAL
THANKSGIVING	OCTOBER 11, MONDAY	NATIONAL EXCEPT NB, NS, NL
HALLOWEEN	OCTOBER 31, SUNDAY	NOT A HOLIDAY
REMEMBRANCE DAY	NOVEMBER 11, THURSDAY	NATIONAL EXCEPT MB, ON, QC, NS
CHRISTMAS DAY	DECEMBER 25, SATURDAY	NATIONAL
BOXING DAY	DECEMBER 26, SUNDAY	ON

NEW YEAR'S DAY	JANUARY 1ST, 2021	FRIDAY
MARTIN LUTHER KING, JR.	JANUARY 18TH, 2021	MONDAY
WASHINGTON'S BIRTHDAY	FEBRUARY 15TH, 2021	MONDAY
MEMORIAL DAY	MAY 31ST, 2021	MONDAY
INDEPENDENCE DAY	JULY 5TH, 2021	MONDAY
LABOR DAY	SEPTEMBER 6TH, 2021	MONDAY
COLUMBUS DAY	OCTOBER 11TH, 2021	MONDAY
VETERANS DAY	NOVEMBER 11TH, 2021	THURSDAY
THANKSGIVING DAY	NOVEMBER 25TH, 2021	THURSDAY
CHRISTMAS DAY	DECEMBER 24TH, 2021	FRIDAY

My Horse...

-NAME-

_____

-BREED-

_____

-BIRTHDAY-

_____

-CHARACTERISTICS-

_____
_____
_____
_____

-FAVORITE-
HOBBY

_____
_____

...and Me!

- NAME -

_____

_____

- RESIDENCE -

_____
_____
_____

- OUR -
FAVORITE
` PHOTO `

Health and...

VACCINATION

DUE DATE	APPOINTMENT	VACCINE	COSTS

FARRIER

DUE DATE	APPOINTMENT	EXTENT	COSTS

DENTAL CARE

DUE DATE	APPOINTMENT	RESULTS	COSTS

...feeding record

DEWORMING

DUE DATE	APPOINTMENT	MEDICATION	COSTS

OTHERS

DUE DATE	APPOINTMENT	ACTION	COSTS

FEEDING

MORNING	NOON	EVENING	SNACK	SUPPLEMENT

January

01 FRI		NEW YEAR'S
02 SAT		
03 SUN		CW *2*
04 MON		
05 TUE		
06 WED		
07 THU		
08 FRI		
09 SAT		
10 SUN		CW *3*
11 MON		
12 TUE		
13 WED		
14 THU		
15 FRI		WASHINGTON'S BIRTHDAY
16 SAT		
17 SUN		CW *4*
18 MON		M. LUTHER KING, JR.
19 TUE		
20 WED		
21 THU		
22 FRI		
23 SAT		
24 SUN		CW *5*
25 MON		
26 TUE		
27 WED		
28 THU		
29 FRI		
30 SAT		
31 SUN		CW *6*

February

01 MON		
02 TUE		
03 WED		
04 THU		
05 FRI		
06 SAT		
07 SUN		CW *7*
08 MON		
09 TUE		
10 WED		
11 THU		
12 FRI		
13 SAT		
14 SUN		CW *8*
15 MON		
16 TUE		
17 WED		
18 THU		
19 FRI		
20 SAT		
21 SUN		CW *9*
22 MON		
23 TUE		
24 WED		
25 THU		
26 FRI		
27 SAT		
28 SUN		CW *10*

March

01 MON		
02 TUE		
03 WED		
04 THU		
05 FRI		
06 SAT		
07 SUN		CW *11*
08 MON		
09 TUE		
10 WED		
11 THU		
12 FRI		
13 SAT		
14 SUN		CW *12*
15 MON		
16 TUE		
17 WED		
18 THU		
19 FRI		
20 SAT		
21 SUN		CW *13*
22 MON		
23 TUE		
24 WED		
25 THU		
26 FRI		
27 SAT		
28 SUN		CW *14*
29 MON		
30 TUE		
31 WED		

April

01 THU		
02 FRI		
03 SAT		
04 SUN		CW 15
05 MON		
06 TUE		
07 WED		
08 THU		
09 FRI		
10 SAT		
11 SUN		CW 16
12 MON		
13 TUE		
14 WED		
15 THU		
16 FRI		
17 SAT		
18 SUN		CW 17
19 MON		
20 TUE		
21 WED		
22 THU		
23 FRI		
24 SAT		
25 SUN		CW 18
26 MON		
27 TUE		
28 WED		
29 THU		
30 FRI		

May

01 SAT		
02 SUN		CW 19
03 MON		
04 TUE		
05 WED		
06 THU		
07 FRI		
08 SAT		
09 SUN		CW 20
10 MON		
11 TUE		
12 WED		
13 THU		
14 FRI		
15 SAT		
16 SUN		CW 21
17 MON		
18 TUE		
19 WED		
20 THU		
21 FRI		
22 SAT		
23 SUN		CW 22
24 MON		
25 TUE		
26 WED		
27 THU		
28 FRI		
29 SAT		
30 SUN		CW 23
31 MON	MEMORIAL DAY	

June

01 TUE		
02 WED		
03 THU		
04 FRI		
05 SAT		
06 SUN		CW 24
07 MON		
08 TUE		
09 WED		
10 THU		
11 FRI		
12 SAT		
13 SUN		CW 25
14 MON		
15 TUE		
16 WED		
17 THU		
18 FRI		
19 SAT		
20 SUN		CW 26
21 MON		
22 TUE		
23 WED		
24 THU		
25 FRI		
26 SAT		
27 SUN		CW 27
28 MON		
29 TUE		
30 WED		

July

01 THU		
02 FRI		
03 SAT		
04 SUN		CW 28
05 MON		INDEPENDENCE DAY
06 TUE		
07 WED		
08 THU		
09 FRI		
10 SAT		
11 SUN		CW 29
12 MON		
13 TUE		
14 WED		
15 THU		
16 FRI		
17 SAT		
18 SUN		CW 30
19 MON		
20 TUE		
21 WED		
22 THU		
23 FRI		
24 SAT		
25 SUN		CW 31
26 MON		
27 TUE		
28 WED		
29 THU		
30 FRI		
31 SAT		

August

01 SUN		CW 32
02 MON		
03 TUE		
04 WED		
05 THU		
06 FRI		
07 SAT		
08 SUN		CW 33
09 MON		
10 TUE		
11 WED		
12 THU		
13 FRI		
14 SAT		
15 SUN		CW 34
16 MON		
17 TUE		
18 WED		
19 THU		
20 FRI		
21 SAT		
22 SUN		CW 35
23 MON		
24 TUE		
25 WED		
26 THU		
27 FRI		
28 SAT		
29 SUN		CW 36
30 MON		
31 TUE		

September

01 WED		
02 THU		
03 FRI		
04 SAT		
05 SUN		CW 37
06 MON		LABOR DAY
07 TUE		
08 WED		
09 THU		
10 FRI		
11 SAT		
12 SUN		CW 38
13 MON		
14 TUE		
15 WED		
16 THU		
17 FRI		
18 SAT		
19 SUN		CW 39
20 MON		
21 TUE		
22 WED		
23 THU		
24 FRI		
25 SAT		
26 SUN		CW 40
27 MON		
28 TUE		
29 WED		
30 THU		

October

01 FRI		
02 SAT		
03 SUN		CW 41
04 MON		
05 TUE		
06 WED		
07 THU		
08 FRI		
09 SAT		
10 SUN		CW 42
11 MON	COLUMBUS DAY	
12 TUE		
13 WED		
14 THU		
15 FRI		
16 SAT		
17 SUN		CW 43
18 MON		
19 TUE		
20 WED		
21 THU		
22 FRI		
23 SAT		
24 SUN		CW 44
25 MON		
26 TUE		
27 WED		
28 THU		
29 FRI		
30 SAT		
31 SUN		CW 45

November

01 MON		
02 TUE		
03 WED		
04 THU		
05 FRI		
06 SAT		
07 SUN		CW 46
08 MON		
09 TUE		
10 WED		
11 THU	VETERANS DAY	
12 FRI		
13 SAT		
14 SUN		CW 47
15 MON		
16 TUE		
17 WED		
18 THU		
19 FRI		
20 SAT		
21 SUN		CW 48
22 MON		
23 TUE		
24 WED	CHRISTMAS DAY	
25 THU	THANKSGIVING DAY	
26 FRI		
27 SAT		
28 SUN		CW 49
29 MON		
30 TUE		

December

01 WED		
02 THU		
03 FRI		
04 SAT		
05 SUN		CW 50
06 MON		
07 TUE		
08 WED		
09 THU		
10 FRI		
11 SAT		
12 SUN		CW 51
13 MON		
14 TUE		
15 WED		
16 THU		
17 FRI		
18 SAT		
19 SUN		CW 52
20 MON		
21 TUE		
22 WED		
23 THU		
24 FRI		
25 SAT		
26 SUN		CW 53
27 MON		
28 TUE		
29 WED		
30 THU		
31 FRI		

Monthly outlook

JANUARY

DATE TO-DO

APRIL

DATE TO-DO

JULY

DATE TO-DO

FEBRUARY

DATE TO-DO

MAY

DATE TO-DO

AUGUST

DATE TO-DO

MARCH

DATE TO-DO

JUNE

DATE TO-DO

SEPTEMBER

DATE TO-DO

OCTOBER

DATE   TO-DO

CHECKLIST

NOVEMBER

DATE   TO-DO

DECEMBER

DATE   TO-DO

January

SUNDAY	MONDAY	TUESEDAY	WEDNESDAY
CW 2 **03**	**04**	**05**	**06**
CW 3 **10**	**11**	**12**	**13**
CW 4 **17**	**18**	**19**	**20**
	M. LUTHER KING, JR.		
CW 5 **24**	**25**	**26**	**27**
CW 6 **31**			

THURSDAY	FRIDAY	SATURDAY
	01	**02**
	NEW YEAR'S	
07	**08**	**09**
14	**15**	**16**
21	**22**	**23**
28	**29**	**30**

01 *January* NEW YEAR *Friday*

- [ ]
- [ ]
- [ ]
- [ ]
- [ ]
- [ ]

02 *January* *Saturday*

- [ ]
- [ ]
- [ ]
- [ ]
- [ ]
- [ ]

03 $\frac{CW}{2}$ January — Sunday

- [ ] _____
- [ ] _____
- [ ] _____
- [ ] _____
- [ ] _____
- [ ] _____

04 January — Monday

- [ ] _____
- [ ] _____
- [ ] _____
- [ ] _____
- [ ] _____
- [ ] _____

05 January — Tuesday

- [ ] _____
- [ ] _____
- [ ] _____
- [ ] _____
- [ ] _____
- [ ] _____

06 January — Wednesday

- [ ] _____
- [ ] _____
- [ ] _____
- [ ] _____
- [ ] _____
- [ ] _____

07 *January*   *Thursday*

-
-
-
-
-
-

08 *January*   *Friday*

-
-
-
-
-
-

09 *January*   *Saturday*

-
-
-
-
-
-

10 $\frac{CW}{3}$ January   Sunday

11   January   Monday

12   January   Tuesday

13   January   Wednesday

14 January   Thursday

-
-
-
-
-
-

15 January   Friday

-
-
-
-
-
-

16 January   Saturday

-
-
-
-
-
-

17 $\frac{CW}{4}$ *January*   *Sunday*

- [ ] _____
- [ ] _____
- [ ] _____
- [ ] _____
- [ ] _____
- [ ] _____

18   *January*   M. LUTHER KING, JR.   *Monday*

- [ ] _____
- [ ] _____
- [ ] _____
- [ ] _____
- [ ] _____
- [ ] _____

19   *January*   *Tuesday*

- [ ] _____
- [ ] _____
- [ ] _____
- [ ] _____
- [ ] _____
- [ ] _____

20   *January*   *Wednesday*

- [ ] _____
- [ ] _____
- [ ] _____
- [ ] _____
- [ ] _____
- [ ] _____

21 January   Thursday

22 January   Friday

23 January   Saturday

24 $\frac{CW}{5}$ January   Sunday

25   January   Monday

26   January   Tuesday

27   January   Wednesday

28   *January*   *Thursday*

29   *January*   *Friday*

30   *January*   *Saturday*

- _____
- _____
- _____
- _____
- _____
- _____

Last month...

... I ACCOMPLISHED

... I DID NOT ACCOMPLISHED

... I WAS GREATFUL FOR

... I WAS DEPRESSED BECAUSE

... HAS MADE ME HAPPY

... HAS BROUGHT ME FURTHER PERSONALLY

... WAS MY MOOD

...I HAVE FOUND A SOLUTION FOR

...I HAVE NOT FOUND A SOLUTION FOR

...I HAVE ACHIEVED THE FOLLOWING GOALS

FOR THE NEXT MONTH I PLAN TO

MO: EQUESTRIAN:

TU: EQUESTRIAN:

WE: EQUESTRIAN:

TH: EQUESTRIAN:

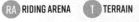 RIDING ARENA TERRAIN COURSE LONGEING DRESSAGE ROUND PEN

FR: EQUESTRIAN:

SA: EQUESTRIAN:

SU: EQUESTRIAN:

 JUMPING   CAVALETTI   RIDE OUT   FREE JUMPING   PADDOCK LETTING IT RUN

MO: EQUESTRIAN:

RA T C LG D RP

J CV R F P L

_____
_____
_____
_____
_____
_____
_____
_____
_____
_____

TU: EQUESTRIAN:

RA T C LG D RP

J CV R F P L

_____
_____
_____
_____
_____
_____
_____
_____
_____
_____

WE: EQUESTRIAN:

RA T C LG D RP

J CV R F P L

_____
_____
_____
_____
_____
_____
_____
_____
_____
_____

TH: EQUESTRIAN:

RA T C LG D RP

J CV R F P L

_____
_____
_____
_____
_____
_____
_____
_____
_____
_____

 RIDING ARENA   TERRAIN   COURSE   LONGEING   DRESSAGE   ROUND PEN

FR: EQUESTRIAN:

SA: EQUESTRIAN:

SU: EQUESTRIAN:

 JUMPING   CAVALETTI   RIDE OUT   FREE JUMPING   PADDOCK   LETTING IT RUN

MO: EQUESTRIAN:

(RA) (T) (C) (LG) (D) (RP)

(J) (CV) (R) (F) (P) (L)

_____
_____
_____
_____
_____
_____
_____
_____
_____
_____
_____
_____
_____

TU: EQUESTRIAN:

(RA) (T) (C) (LG) (D) (RP)

(J) (CV) (R) (F) (P) (L)

_____
_____
_____
_____
_____
_____
_____
_____
_____
_____
_____
_____
_____

WE: EQUESTRIAN:

(RA) (T) (C) (LG) (D) (RP)

(J) (CV) (R) (F) (P) (L)

_____
_____
_____
_____
_____
_____
_____
_____
_____
_____
_____
_____

TH: EQUESTRIAN:

(RA) (T) (C) (LG) (D) (RP)

(J) (CV) (R) (F) (P) (L)

_____
_____
_____
_____
_____
_____
_____
_____
_____
_____
_____
_____

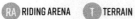 RIDING ARENA TERRAIN COURSE LONGEING DRESSAGE ROUND PEN

FR: EQUESTRIAN:

SA: EQUESTRIAN:

SU: EQUESTRIAN:

 JUMPING   CAVALETTI   RIDE OUT   FREE JUMPING   PADDOCK   LETTING IT RUN

MO: EQUESTRIAN:

(RA) (T) (C) (LG) (D) (RP)

(J) (CV) (R) (F) (P) (L)

_____
_____
_____
_____
_____
_____
_____
_____
_____
_____
_____
_____

TU: EQUESTRIAN:

(RA) (T) (C) (LG) (D) (RP)

(J) (CV) (R) (F) (P) (L)

_____
_____
_____
_____
_____
_____
_____
_____
_____
_____
_____
_____

WE: EQUESTRIAN:

(RA) (T) (C) (LG) (D) (RP)

(J) (CV) (R) (F) (P) (L)

_____
_____
_____
_____
_____
_____
_____
_____
_____
_____
_____
_____

TH: EQUESTRIAN:

(RA) (T) (C) (LG) (D) (RP)

(J) (CV) (R) (F) (P) (L)

_____
_____
_____
_____
_____
_____
_____
_____
_____
_____
_____
_____

 RIDING ARENA   TERRAIN   COURSE   LONGEING   DRESSAGE   ROUND PEN

FR: EQUESTRIAN:

SA: EQUESTRIAN:

_____

SU: EQUESTRIAN:

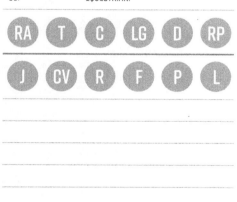

 JUMPING   CAVALETTI   RIDE OUT   FREE JUMPING   PADDOCK   LETTING IT RUN

Our monthly résumé

WHAT WE HAVE ACHIEVED

WHAT WE HAVE NOT ACHIEVED

WHAT HAVE WE LEARNED?

WHAT DID WE EXPERIENCE?

WHAT HAS CHANGED HEALTH-WISE?

WHAT HAS GOTTEN US FURTHER?

OUR MOOD WAS

PROBLEMS WE HAVE MASTERED   ISSUES WE WILL ADDRESS NEXT MONTH

TO-DOS

- _____
- _____
- _____
- _____
- _____
- _____

FINAL THOUGHTS

February

SUNDAY	MONDAY	TUESEDAY	WEDNESDAY
	01	**02**	**03**
CW 7 **07**	**08**	**09**	**10**
CW 8 **14**	**15** PRESIDENT'S DAY	**16**	**17**
CW 9 **21**	**22**	**23**	**24**
CW 10 **28**			

THURSDAY	FRIDAY	SATURDAY
04	**05**	**06**
11	**12**	**13**
18	**19**	**20**
25	**26**	**27**

01 *February*   *Monday*

- ▣ _____
- ▣ _____
- ▣ _____
- ▣ _____
- ▣ _____
- ▣ _____

02 *February*   *Tuesday*

- ▣ _____
- ▣ _____
- ▣ _____
- ▣ _____
- ▣ _____
- ▣ _____

03 *February*   *Wednesday*

- ▣ _____
- ▣ _____
- ▣ _____
- ▣ _____
- ▣ _____
- ▣ _____

04   *February*   *Thursday*

- _____
- _____
- _____
- _____
- _____
- _____

05   *February*   *Friday*

- _____
- _____
- _____
- _____
- _____
- _____

06   *February*   *Saturday*

- _____
- _____
- _____
- _____
- _____
- _____

07 $\frac{CW}{7}$ February   *Sunday*

-
-
-
-
-
-

08 February   *Monday*

-
-
-
-
-
-

09 February   *Tuesday*

-
-
-
-
-
-

10 February   *Wednesday*

-
-
-
-
-
-

11 February   Thursday

-
-
-
-
-
-

12 February   Friday

-
-
-
-
-
-

13 February   Saturday

-
-
-
-
-
-

14 $\frac{CW}{8}$ *February*   *Sunday*

-
-
-
-
-
-

15 *February*   PRESIDENT'S DAY   *Monday*

-
-
-
-
-
-

16 *February*   *Tuesday*

-
-
-
-
-
-

17 *February*   *Wednesday*

-
-
-
-
-
-

18 *February*   *Thursday*

-
-
-
-
-
-

19 *February*   *Friday*

-
-
-
-
-
-

20 *February*   *Saturday*

-
-
-
-
-
-

21 $\frac{CW}{9}$ February   Sunday

- [ ]
- [ ]
- [ ]
- [ ]
- [ ]
- [ ]

22 February   Monday

- [ ]
- [ ]
- [ ]
- [ ]
- [ ]
- [ ]

23 February   Tuesday

- [ ]
- [ ]
- [ ]
- [ ]
- [ ]
- [ ]

24 February   Wednesday

- [ ]
- [ ]
- [ ]
- [ ]
- [ ]
- [ ]

25 February   Thursday

-
-
-
-
-
-

26 February   Friday

-
-
-
-
-
-

27 February   Saturday

-
-
-
-
-
-

28 *February*   *Sunday*

- _____
- _____
- _____
- _____
- _____
- _____

Last month...

... I ACCOMPLISHED

... I DID NOT ACCOMPLISHED

... I WAS GREATFUL FOR

... I WAS DEPRESSED BECAUSE

... HAS MADE ME HAPPY

... HAS BROUGHT ME FURTHER PERSONALLY

... WAS MY MOOD

... I HAVE FOUND A SOLUTION FOR   ... I HAVE NOT FOUND A SOLUTION FOR

... I HAVE ACHIEVED THE FOLLOWING GOALS

FOR THE NEXT MONTH I PLAN TO

MO: EQUESTRIAN: _____

(RA) (T) (C) (LG) (D) (RP)

(J) (CV) (R) (F) (P) (L)

_____
_____
_____
_____
_____
_____
_____
_____
_____
_____
_____
_____

TU: EQUESTRIAN: _____

(RA) (T) (C) (LG) (D) (RP)

(J) (CV) (R) (F) (P) (L)

_____
_____
_____
_____
_____
_____
_____
_____
_____
_____
_____
_____

WE: EQUESTRIAN: _____

(RA) (T) (C) (LG) (D) (RP)

(J) (CV) (R) (F) (P) (L)

_____
_____
_____
_____
_____
_____
_____
_____
_____
_____
_____
_____

TH: EQUESTRIAN: _____

(RA) (T) (C) (LG) (D) (RP)

(J) (CV) (R) (F) (P) (L)

_____
_____
_____
_____
_____
_____
_____
_____
_____
_____
_____
_____

 RIDING ARENA TERRAIN COURSE LONGEING DRESSAGE (RP) ROUND PEN

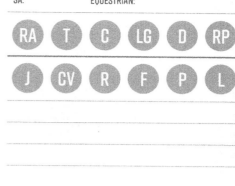

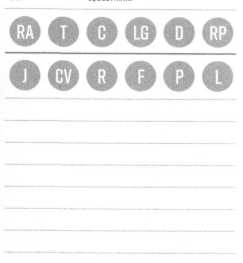

 JUMPING   CAVALETTI   RIDE OUT   FREE JUMPING   PADDOCK   LETTING IT RUN

MO:　　EQUESTRIAN:

RA　T　C　LG　D　RP

J　CV　R　F　P　L

_____
_____
_____
_____
_____
_____
_____
_____
_____
_____
_____
_____
_____

TU:　　EQUESTRIAN:

RA　T　C　LG　D　RP

J　CV　R　F　P　L

_____
_____
_____
_____
_____
_____
_____
_____
_____
_____
_____
_____
_____

WE:　　EQUESTRIAN:

RA　T　C　LG　D　RP

J　CV　R　F　P　L

_____
_____
_____
_____
_____
_____
_____
_____
_____
_____
_____
_____

TH:　　EQUESTRIAN:

RA　T　C　LG　D　RP

J　CV　R　F　P　L

_____
_____
_____
_____
_____
_____
_____
_____
_____
_____
_____
_____

 RIDING ARENA　 TERRAIN　 COURSE　 LONGEING　 DRESSAGE　 ROUND PEN

FR: EQUESTRIAN:

(RA) (T) (C) (LG) (D) (RP)

(J) (CV) (R) (F) (P) (L)

SA: EQUESTRIAN:

(RA) (T) (C) (LG) (D) (RP)

(J) (CV) (R) (F) (P) (L)

SU: EQUESTRIAN:

(RA) (T) (C) (LG) (D) (RP)

(J) (CV) (R) (F) (P) (L)

 JUMPING   CAVALETTI   RIDE OUT   FREE JUMPING   PADDOCK   LETTING IT RUN

MO: EQUESTRIAN:

(RA) (T) (C) (LG) (D) (RP)

(J) (CV) (R) (F) (P) (L)

_____
_____
_____
_____
_____
_____
_____
_____
_____
_____
_____

TU: EQUESTRIAN:

(RA) (T) (C) (LG) (D) (RP)

(J) (CV) (R) (F) (P) (L)

_____
_____
_____
_____
_____
_____
_____
_____
_____
_____
_____

WE: EQUESTRIAN:

(RA) (T) (C) (LG) (D) (RP)

(J) (CV) (R) (F) (P) (L)

_____
_____
_____
_____
_____
_____
_____
_____
_____
_____
_____

TH: EQUESTRIAN:

(RA) (T) (C) (LG) (D) (RP)

(J) (CV) (R) (F) (P) (L)

_____
_____
_____
_____
_____
_____
_____
_____
_____
_____
_____

 RIDING ARENA TERRAIN COURSE  LONGEING DRESSAGE ROUND PEN

FR: EQUESTRIAN:

SA: EQUESTRIAN:

SU: EQUESTRIAN:

 JUMPING   CAVALETTI   RIDE OUT   FREE JUMPING   PADDOCK   LETTING IT RUN

MO: EQUESTRIAN:

(RA) (T) (C) (LG) (D) (RP)

(J) (CV) (R) (F) (P) (L)

_____
_____
_____
_____
_____
_____
_____
_____
_____
_____

TU: EQUESTRIAN:

(RA) (T) (C) (LG) (D) (RP)

(J) (CV) (R) (F) (P) (L)

_____
_____
_____
_____
_____
_____
_____
_____
_____
_____

WE: EQUESTRIAN:

(RA) (T) (C) (LG) (D) (RP)

(J) (CV) (R) (F) (P) (L)

_____
_____
_____
_____
_____
_____
_____
_____
_____
_____

TH: EQUESTRIAN:

(RA) (T) (C) (LG) (D) (RP)

(J) (CV) (R) (F) (P) (L)

_____
_____
_____
_____
_____
_____
_____
_____
_____
_____

 RIDING ARENA TERRAIN COURSE LONGEING DRESSAGE ROUND PEN

FR: EQUESTRIAN:

SA: EQUESTRIAN:

SU: EQUESTRIAN:

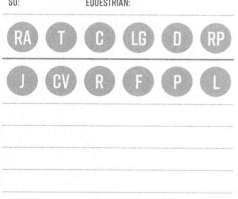

 JUMPING   CAVALETTI   RIDE OUT   FREE JUMPING   PADDOCK   LETTING IT RUN

Our monthly résumé

WHAT WE HAVE ACHIEVED

WHAT WE HAVE NOT ACHIEVED

WHAT HAVE WE LEARNED?

WHAT DID WE EXPERIENCE?

WHAT HAS CHANGED HEALTH-WISE?

WHAT HAS GOTTEN US FURTHER?

OUR MOOD WAS

PROBLEMS WE HAVE MASTERED   ISSUES WE WILL ADDRESS NEXT MONTH

TO-DOS

- _____
- _____
- _____
- _____
- _____
- _____

FINAL THOUGHTS

March

SUNDAY	MONDAY	TUESEDAY	WEDNESDAY
	01	02	03
CW 11 07	08	09	10
CW 12 14	15	16	17
CW 13 21	22	23	24
CW 14 28	29	30	31

THURSDAY	FRIDAY	SATURDAY
04	**05**	**06**
11	**12**	**13**
18	**19**	**20**
25	**26**	**27**

MARCH

01   *March*   *Monday*

- [ ] _____
- [ ] _____
- [ ] _____
- [ ] _____
- [ ] _____
- [ ] _____

02   *March*   *Tuesday*

- [ ] _____
- [ ] _____
- [ ] _____
- [ ] _____
- [ ] _____
- [ ] _____

03   *March*   *Wednesday*

- [ ] _____
- [ ] _____
- [ ] _____
- [ ] _____
- [ ] _____
- [ ] _____

04   *March*   *Thursday*

- ◼
- ◼
- ◼
- ◼
- ◼
- ◼

05   *March*   *Friday*

- ◼
- ◼
- ◼
- ◼
- ◼
- ◼

06   *March*   *Saturday*

- ◼
- ◼
- ◼
- ◼
- ◼
- ◼

07 $\frac{CW}{11}$ *March*   *Sunday*

-
-
-
-
-
-

08   *March*   *Monday*

-
-
-
-
-
-

09   *March*   *Tuesday*

-
-
-
-
-
-

10   *March*   *Wednesday*

-
-
-
-
-
-

11 March   Thursday

- [ ]
- [ ]
- [ ]
- [ ]
- [ ]
- [ ]

12 March   Friday

- [ ]
- [ ]
- [ ]
- [ ]
- [ ]
- [ ]

13 March   Saturday

- [ ]
- [ ]
- [ ]
- [ ]
- [ ]
- [ ]

14 $\frac{CW}{12}$ *March*   *Sunday*

-
-
-
-
-
-

15   *March*   *Monday*

-
-
-
-
-
-

16   *March*   *Tuesday*

-
-
-
-
-
-

17   *March*   *Wednesday*

-
-
-
-
-
-

18 *March* *Thursday*

- _____
- _____
- _____
- _____
- _____
- _____

19 *March* *Friday*

- _____
- _____
- _____
- _____
- _____
- _____

20 *March* *Saturday*

- _____
- _____
- _____
- _____
- _____
- _____

21 CW/13   *March*   *Sunday*

22   *March*   *Monday*

23   *March*   *Tuesday*

24   *March*   *Wednesday*

25 *March* *Thursday*

-
-
-
-
-
-

26 *March* *Friday*

-
-
-
-
-
-

27 *March* *Saturday*

-
-
-
-
-
-

28 $\frac{CW}{14}$ *March*   *Sunday*

- ☐ _____
- ☐ _____
- ☐ _____
- ☐ _____
- ☐ _____
- ☐ _____

29 *March*   *Monday*

- ☐ _____
- ☐ _____
- ☐ _____
- ☐ _____
- ☐ _____
- ☐ _____

30 *March*   *Tuesday*

- ☐ _____
- ☐ _____
- ☐ _____
- ☐ _____
- ☐ _____
- ☐ _____

31 *March*   *Wednesday*

- ☐ _____
- ☐ _____
- ☐ _____
- ☐ _____
- ☐ _____
- ☐ _____

Last month...

... I ACCOMPLISHED

... I DID NOT ACCOMPLISHED

... I WAS GREATFUL FOR

... I WAS DEPRESSED BECAUSE

... HAS MADE ME HAPPY

... HAS BROUGHT ME FURTHER PERSONALLY

... WAS MY MOOD

... I HAVE FOUND A SOLUTION FOR

... I HAVE NOT FOUND A SOLUTION FOR

... I HAVE ACHIEVED THE FOLLOWING GOALS

FOR THE NEXT MONTH I PLAN TO

MO: EQUESTRIAN:

(RA) (T) (C) (LG) (D) (RP)
(J) (CV) (R) (F) (P) (L)

_____
_____
_____
_____
_____
_____
_____
_____
_____
_____
_____
_____

TU: EQUESTRIAN:

(RA) (T) (C) (LG) (D) (RP)
(J) (CV) (R) (F) (P) (L)

_____
_____
_____
_____
_____
_____
_____
_____
_____
_____
_____
_____

WE: EQUESTRIAN:

(RA) (T) (C) (LG) (D) (RP)
(J) (CV) (R) (F) (P) (L)

_____
_____
_____
_____
_____
_____
_____
_____
_____
_____
_____
_____

TH: EQUESTRIAN:

(RA) (T) (C) (LG) (D) (RP)
(J) (CV) (R) (F) (P) (L)

_____
_____
_____
_____
_____
_____
_____
_____
_____
_____
_____
_____

 RIDING ARENA   TERRAIN   COURSE   LONGEING   DRESSAGE   (RP) ROUND PEN

FR: EQUESTRIAN:

(RA) (T) (C) (LG) (D) (RP)

(J) (CV) (R) (F) (P) (L)

SA: EQUESTRIAN:

(RA) (T) (C) (LG) (D) (RP)

(J) (CV) (R) (F) (P) (L)

_____
_____
_____
_____
_____
_____
_____
_____
_____
_____

SU: EQUESTRIAN:

(RA) (T) (C) (LG) (D) (RP)

(J) (CV) (R) (F) (P) (L)

_____
_____
_____
_____
_____
_____
_____
_____
_____
_____

 JUMPING   CAVALETTI   RIDE OUT   FREE JUMPING   PADDOCK   LETTING IT RUN

MO: EQUESTRIAN:

(RA) (T) (C) (LG) (D) (RP)

(J) (CV) (R) (F) (P) (L)

TU: EQUESTRIAN:

(RA) (T) (C) (LG) (D) (RP)

(J) (CV) (R) (F) (P) (L)

WE: EQUESTRIAN:

(RA) (T) (C) (LG) (D) (RP)

(J) (CV) (R) (F) (P) (L)

TH: EQUESTRIAN:

(RA) (T) (C) (LG) (D) (RP)

(J) (CV) (R) (F) (P) (L)

 RIDING ARENA TERRAIN COURSE LONGEING DRESSAGE (RP) ROUND PEN

FR: EQUESTRIAN:

RA T C LG D RP

J CV R F P L

_____

SA: EQUESTRIAN:

RA T C LG D RP

J CV R F P L

_____

SU: EQUESTRIAN:

RA T C LG D RP

J CV R F P L

_____

J JUMPING   CV CAVALETTI   R RIDE OUT   F FREE JUMPING   P PADDOCK   L LETTING IT RUN

MO: _____ EQUESTRIAN: _____

(RA) (T) (C) (LG) (D) (RP)

(J) (CV) (R) (F) (P) (L)

_____
_____
_____
_____
_____
_____
_____
_____
_____
_____
_____

TU: _____ EQUESTRIAN: _____

(RA) (T) (C) (LG) (D) (RP)

(J) (CV) (R) (F) (P) (L)

_____
_____
_____
_____
_____
_____
_____
_____
_____
_____
_____

WE: _____ EQUESTRIAN: _____

(RA) (T) (C) (LG) (D) (RP)

(J) (CV) (R) (F) (P) (L)

_____
_____
_____
_____
_____
_____
_____
_____
_____
_____
_____

TH: _____ EQUESTRIAN: _____

(RA) (T) (C) (LG) (D) (RP)

(J) (CV) (R) (F) (P) (L)

_____
_____
_____
_____
_____
_____
_____
_____
_____
_____
_____

 RIDING ARENA TERRAIN COURSE LONGEING DRESSAGE ROUND PEN

FR: EQUESTRIAN: _____

_____
_____
_____
_____
_____
_____
_____
_____
_____
_____

SA: EQUESTRIAN: _____

_____
_____
_____
_____
_____
_____
_____
_____
_____
_____

SU: EQUESTRIAN: _____

_____
_____
_____
_____
_____
_____
_____
_____
_____
_____

 JUMPING   CAVALETTI   RIDE OUT   FREE JUMPING   PADDOCK   LETTING IT RUN

MO: _____ EQUESTRIAN: _____

RA   T   C   LG   D   RP

J   CV   R   F   P   L

_____
_____
_____
_____
_____
_____
_____
_____
_____
_____
_____

TU: _____ EQUESTRIAN: _____

RA   T   C   LG   D   RP

J   CV   R   F   P   L

_____
_____
_____
_____
_____
_____
_____
_____
_____
_____
_____

WE: _____ EQUESTRIAN: _____

RA   T   C   LG   D   RP

J   CV   R   F   P   L

_____
_____
_____
_____
_____
_____
_____
_____
_____
_____
_____

TH: _____ EQUESTRIAN: _____

RA   T   C   LG   D   RP

J   CV   R   F   P   L

_____
_____
_____
_____
_____
_____
_____
_____
_____
_____
_____

RA RIDING ARENA   T TERRAIN   C COURSE   LG LONGEING   D DRESSAGE   RP ROUND PEN

FR: EQUESTRIAN:

RA   T   C   LG   D   RP

J   CV   R   F   P   L

_____
_____
_____
_____
_____
_____
_____
_____
_____
_____

SA: EQUESTRIAN:

RA   T   C   LG   D   RP

J   CV   R   F   P   L

_____
_____
_____
_____
_____
_____
_____
_____
_____
_____

SU: EQUESTRIAN:

RA   T   C   LG   D   RP

J   CV   R   F   P   L

_____
_____
_____
_____
_____
_____
_____
_____
_____
_____

 JUMPING   CAVALETTI   RIDE OUT   FREE JUMPING   PADDOCK   LETTING IT RUN

Our monthly résumé

WHAT WE HAVE ACHIEVED

WHAT WE HAVE NOT ACHIEVED

WHAT HAVE WE LEARNED?

WHAT DID WE EXPERIENCE?

WHAT HAS CHANGED HEALTH-WISE?

WHAT HAS GOTTEN US FURTHER?

OUR MOOD WAS

PROBLEMS WE HAVE MASTERED

ISSUES WE WILL ADDRESS NEXT MONTH

TO-DOS

FINAL THOUGHTS

April

SUNDAY	MONDAY	TUESEDAY	WEDNESDAY
CW 15 **04**	**05**	**06**	**07**
CW 16 **11**	**12**	**13**	**14**
CW 17 **18**	**19**	**20**	**21**
CW 18 **25**	**26**	**27**	**28**

THURSDAY	FRIDAY	SATURDAY
01	**02**	**03**
08	**09**	**10**
15	**16**	**17**
22	**23**	**24**
29	**30**	

APRIL

01   *April*   *Thursday*

- ▦ _____
- ▦ _____
- ▦ _____
- ▦ _____
- ▦ _____
- ▦ _____

02   *April*   *Friday*

- ▦ _____
- ▦ _____
- ▦ _____
- ▦ _____
- ▦ _____
- ▦ _____

03   *April*   *Saturday*

- ▦ _____
- ▦ _____
- ▦ _____
- ▦ _____
- ▦ _____
- ▦ _____

04 $\frac{CW}{15}$ April   Sunday

05   April   Monday

06   April   Tuesday

07   April   Wednesday

08   April   Thursday

-
-
-
-
-
-

09   April   Friday

-
-
-
-
-
-

10   April   Saturday

-
-
-
-
-
-

11 $\frac{CW}{16}$ *April*   *Sunday*

- [ ] _____
- [ ] _____
- [ ] _____
- [ ] _____
- [ ] _____
- [ ] _____

12   *April*   *Monday*

- [ ] _____
- [ ] _____
- [ ] _____
- [ ] _____
- [ ] _____
- [ ] _____

13   *April*   *Tuesday*

- [ ] _____
- [ ] _____
- [ ] _____
- [ ] _____
- [ ] _____
- [ ] _____

14   *April*   *Wednesday*

- [ ] _____
- [ ] _____
- [ ] _____
- [ ] _____
- [ ] _____
- [ ] _____

15　April　Thursday

-
-
-
-
-
-

16　April　Friday

-
-
-
-
-
-

17　April　Saturday

-
-
-
-
-
-

18 $\frac{CW}{17}$ April   Sunday

19 April   Monday

20 April   Tuesday

21 April   Wednesday

22 April   Thursday

-
-
-
-
-
-

23 April   Friday

-
-
-
-
-
-

24 April   Saturday

-
-
-
-
-
-

25 $\frac{CW}{18}$ *April*   *Sunday*

-
-
-
-
-
-

26 *April*   *Monday*

-
-
-
-
-
-

27 *April*   *Tuesday*

-
-
-
-
-
-

28 *April*   *Wednesday*

-
-
-
-
-
-

29   *April*   *Thursday*

-
-
-
-
-
-

30   *April*   *Friday*

-
-
-
-
-
-

Last month...

... I ACCOMPLISHED

... I DID NOT ACCOMPLISHED

... I WAS GREATFUL FOR

... I WAS DEPRESSED BECAUSE

... HAS MADE ME HAPPY

... HAS BROUGHT ME FURTHER PERSONALLY

... WAS MY MOOD

... I HAVE FOUND A SOLUTION FOR

... I HAVE NOT FOUND A SOLUTION FOR

... I HAVE ACHIEVED THE FOLLOWING GOALS

FOR THE NEXT MONTH I PLAN TO

101

MO: EQUESTRIAN:

(RA) (T) (C) (LG) (D) (RP)

(J) (CV) (R) (F) (P) (L)

_____
_____
_____
_____
_____
_____
_____
_____
_____
_____

TU: EQUESTRIAN:

(RA) (T) (C) (LG) (D) (RP)

(J) (CV) (R) (F) (P) (L)

_____
_____
_____
_____
_____
_____
_____
_____
_____
_____

WE: EQUESTRIAN:

(RA) (T) (C) (LG) (D) (RP)

(J) (CV) (R) (F) (P) (L)

_____
_____
_____
_____
_____
_____
_____
_____
_____
_____

TH: EQUESTRIAN:

(RA) (T) (C) (LG) (D) (RP)

(J) (CV) (R) (F) (P) (L)

_____
_____
_____
_____
_____
_____
_____
_____
_____
_____

 RIDING ARENA   TERRAIN   COURSE   LONGEING   DRESSAGE   RP ROUND PEN

FR: EQUESTRIAN:

RA   T   C   LG   D   RP

J   CV   R   F   P   L

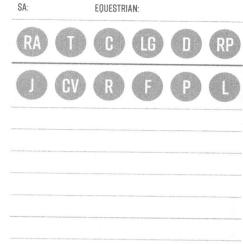

SA: EQUESTRIAN:

SU: EQUESTRIAN:

RA   T   C   LG   D   RP

J   CV   R   F   P   L

 JUMPING   CAVALETTI   RIDE OUT   FREE JUMPING   PADDOCK   LETTING IT RUN

MO: EQUESTRIAN: _____

(RA) (T) (C) (LG) (D) (RP)
(J) (CV) (R) (F) (P) (L)

_____
_____
_____
_____
_____
_____
_____
_____
_____
_____

TU: EQUESTRIAN: _____

(RA) (T) (C) (LG) (D) (RP)
(J) (CV) (R) (F) (P) (L)

_____
_____
_____
_____
_____
_____
_____
_____
_____
_____

WE: EQUESTRIAN: _____

(RA) (T) (C) (LG) (D) (RP)
(J) (CV) (R) (F) (P) (L)

_____
_____
_____
_____
_____
_____
_____
_____
_____
_____

TH: EQUESTRIAN: _____

(RA) (T) (C) (LG) (D) (RP)
(J) (CV) (R) (F) (P) (L)

_____
_____
_____
_____
_____
_____
_____
_____
_____
_____

 RIDING ARENA TERRAIN COURSE LONGEING DRESSAGE ROUND PEN

FR: _____ EQUESTRIAN: _____

RA T C LG D RP

J CV R F P L

_____
_____
_____
_____
_____
_____
_____
_____
_____
_____
_____

SA: _____ EQUESTRIAN: _____

RA T C LG D RP

J CV R F P L

_____
_____
_____
_____
_____
_____
_____
_____
_____
_____
_____

SU: _____ EQUESTRIAN: _____

RA T C LG D RP

J CV R F P L

_____
_____
_____
_____
_____
_____
_____
_____
_____
_____
_____

 JUMPING   CAVALETTI   RIDE OUT   FREE JUMPING   PADDOCK   LETTING IT RUN

MO: _____ EQUESTRIAN: _____

(RA) (T) (C) (LG) (D) (RP)

(J) (CV) (R) (F) (P) (L)

_____
_____
_____
_____
_____
_____
_____
_____
_____
_____
_____

TU: _____ EQUESTRIAN: _____

(RA) (T) (C) (LG) (D) (RP)

(J) (CV) (R) (F) (P) (L)

_____
_____
_____
_____
_____
_____
_____
_____
_____
_____
_____

WE: _____ EQUESTRIAN: _____

(RA) (T) (C) (LG) (D) (RP)

(J) (CV) (R) (F) (P) (L)

_____
_____
_____
_____
_____
_____
_____
_____
_____
_____
_____

TH: _____ EQUESTRIAN: _____

(RA) (T) (C) (LG) (D) (RP)

(J) (CV) (R) (F) (P) (L)

_____
_____
_____
_____
_____
_____
_____
_____
_____
_____
_____

 RIDING ARENA TERRAIN COURSE LONGEING DRESSAGE (RP) ROUND PEN

FR: EQUESTRIAN:

SA: EQUESTRIAN:

SU: EQUESTRIAN:

 JUMPING   CAVALETTI   RIDE OUT   FREE JUMPING   PADDOCK   LETTING IT RUN

MO: _____ EQUESTRIAN: _____

(RA) (T) (C) (LG) (D) (RP)

(J) (CV) (R) (F) (P) (L)

_____
_____
_____
_____
_____
_____
_____
_____
_____
_____

TU: _____ EQUESTRIAN: _____

(RA) (T) (C) (LG) (D) (RP)

(J) (CV) (R) (F) (P) (L)

_____
_____
_____
_____
_____
_____
_____
_____
_____
_____

WE: _____ EQUESTRIAN: _____

(RA) (T) (C) (LG) (D) (RP)

(J) (CV) (R) (F) (P) (L)

_____
_____
_____
_____
_____
_____
_____
_____
_____

TH: _____ EQUESTRIAN: _____

(RA) (T) (C) (LG) (D) (RP)

(J) (CV) (R) (F) (P) (L)

_____
_____
_____
_____
_____
_____
_____
_____
_____

 RIDING ARENA   TERRAIN   COURSE   LONGEING   DRESSAGE (RP) ROUND PEN

FR: EQUESTRIAN:

(RA) (T) (C) (LG) (D) (RP)

(J) (CV) (R) (F) (P) (L)

_____
_____
_____
_____
_____
_____
_____
_____
_____
_____
_____

SA: EQUESTRIAN:

(RA) (T) (C) (LG) (D) (RP)

(J) (CV) (R) (F) (P) (L)

_____
_____
_____
_____
_____
_____
_____
_____
_____
_____
_____

SU: EQUESTRIAN:

(RA) (T) (C) (LG) (D) (RP)

(J) (CV) (R) (F) (P) (L)

_____
_____
_____
_____
_____
_____
_____
_____
_____
_____
_____

 JUMPING  CAVALETTI   RIDE OUT   FREE JUMPING   PADDOCK   LETTING IT RUN

Our monthly résumé

WHAT WE HAVE ACHIEVED

WHAT WE HAVE NOT ACHIEVED

WHAT HAVE WE LEARNED?

WHAT DID WE EXPERIENCE?

WHAT HAS CHANGED HEALTH-WISE?

WHAT HAS GOTTEN US FURTHER?

OUR MOOD WAS

PROBLEMS WE HAVE MASTERED   ISSUES WE WILL ADDRESS NEXT MONTH

TO-DOS

- _____
- _____
- _____
- _____
- _____
- _____

FINAL THOUGHTS

May

SUNDAY	MONDAY	TUESEDAY	WEDNESDAY
CW 19 **02**	**03**	**04**	**05**
CW 20 **09**	**10**	**11**	**12**
CW 21 **16**	**17**	**18**	**19**
CW 22 **23**	**24**	**25**	**26**
CW 23 **30**	**31** MEMORIAL DAY		

THURSDAY	FRIDAY	SATURDAY
		01
06	**07**	**08**
13	**14**	**15**
20	**21**	**22**
27	**28**	**29**

MAY

01   *May*   *Saturday*

- _____
- _____
- _____
- _____
- _____
- _____

02 $\frac{CW}{19}$ *May*   *Sunday*

- [ ]
- [ ]
- [ ]
- [ ]
- [ ]
- [ ]

03   *May*   *Monday*

- [ ]
- [ ]
- [ ]
- [ ]
- [ ]
- [ ]

04   *May*   *Tuesday*

- [ ]
- [ ]
- [ ]
- [ ]
- [ ]
- [ ]

05   *May*   *Wednesday*

- [ ]
- [ ]
- [ ]
- [ ]
- [ ]
- [ ]

06   *May*   *Thursday*

- [ ]
- [ ]
- [ ]
- [ ]
- [ ]
- [ ]

07   *May*   *Friday*

- [ ]
- [ ]
- [ ]
- [ ]
- [ ]
- [ ]

08   *May*   *Saturday*

- [ ]
- [ ]
- [ ]
- [ ]
- [ ]
- [ ]

09 $\frac{CW}{20}$ *May* *Sunday*

- ▪ _____
- ▪ _____
- ▪ _____
- ▪ _____
- ▪ _____
- ▪ _____

10 *May* *Monday*

- ▪ _____
- ▪ _____
- ▪ _____
- ▪ _____
- ▪ _____
- ▪ _____

11 *May* *Tuesday*

- ▪ _____
- ▪ _____
- ▪ _____
- ▪ _____
- ▪ _____
- ▪ _____

12 *May* *Wednesday*

- ▪ _____
- ▪ _____
- ▪ _____
- ▪ _____
- ▪ _____
- ▪ _____

13   *May*   *Thursday*

14   *May*   *Friday*

15   *May*   *Saturday*

16 $\frac{CW}{21}$ *May* *Sunday*

- [ ] _____
- [ ] _____
- [ ] _____
- [ ] _____
- [ ] _____
- [ ] _____

17 *May* *Monday*

- [ ] _____
- [ ] _____
- [ ] _____
- [ ] _____
- [ ] _____
- [ ] _____

18 *May* *Tuesday*

- [ ] _____
- [ ] _____
- [ ] _____
- [ ] _____
- [ ] _____
- [ ] _____

19 *May* *Wednesday*

- [ ] _____
- [ ] _____
- [ ] _____
- [ ] _____
- [ ] _____
- [ ] _____

20   *May*   *Thursday*

-
-
-
-
-
-

21   *May*   *Friday*

-
-
-
-
-
-

22   *May*   *Saturday*

-
-
-
-
-
-

23 $\frac{CW}{22}$ *May*   *Sunday*

-
-
-
-
-
-

24   *May*   *Monday*

-
-
-
-
-
-

25   *May*   *Tuesday*

-
-
-
-
-
-

26   *May*   *Wednesday*

-
-
-
-
-
-

27   *May*   *Thursday*

- [ ]
- [ ]
- [ ]
- [ ]
- [ ]
- [ ]

28   *May*   *Friday*

- [ ]
- [ ]
- [ ]
- [ ]
- [ ]
- [ ]

29   *May*   *Saturday*

- [ ]
- [ ]
- [ ]
- [ ]
- [ ]
- [ ]

30 $\frac{CW}{23}$ *May*   *Sunday*

-
-
-
-
-
-

31   *May*   MEMORIAL DAY   *Monday*

-
-
-
-
-
-

Last month...

... I ACCOMPLISHED

... I DID NOT ACCOMPLISHED

... I WAS GREATFUL FOR

... I WAS DEPRESSED BECAUSE

... HAS MADE ME HAPPY

... HAS BROUGHT ME FURTHER PERSONALLY

... WAS MY MOOD

...I HAVE FOUND A SOLUTION FOR

...I HAVE NOT FOUND A SOLUTION FOR

...I HAVE ACHIEVED THE FOLLOWING GOALS

FOR THE NEXT MONTH I PLAN TO

127

MO: _____ EQUESTRIAN: _____

(RA) (T) (C) (LG) (D) (RP)

(J) (CV) (R) (F) (P) (L)

_____
_____
_____
_____
_____
_____
_____
_____
_____
_____

TU: _____ EQUESTRIAN: _____

(RA) (T) (C) (LG) (D) (RP)

(J) (CV) (R) (F) (P) (L)

_____
_____
_____
_____
_____
_____
_____
_____
_____
_____

WE: _____ EQUESTRIAN: _____

(RA) (T) (C) (LG) (D) (RP)

(J) (CV) (R) (F) (P) (L)

_____
_____
_____
_____
_____
_____
_____
_____
_____
_____

TH: _____ EQUESTRIAN: _____

(RA) (T) (C) (LG) (D) (RP)

(J) (CV) (R) (F) (P) (L)

_____
_____
_____
_____
_____
_____
_____
_____
_____
_____

 RIDING ARENA   TERRAIN   COURSE   LONGEING   DRESSAGE   ROUND PEN

FR: _____ EQUESTRIAN: _____

RA T C LG D RP

J CV R F P L

SA: _____ EQUESTRIAN: _____

RA T C LG D RP

J CV R F P L

SU: _____ EQUESTRIAN: _____

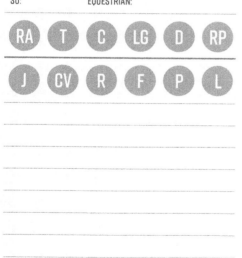

RA T C LG D RP

J CV R F P L

 JUMPING   CAVALETTI   RIDE OUT   FREE JUMPING   PADDOCK   LETTING IT RUN

MO: _____ EQUESTRIAN: _____

(RA) (T) (C) (LG) (D) (RP)

(J) (CV) (R) (F) (P) (L)

_____
_____
_____
_____
_____
_____
_____
_____
_____
_____
_____
_____

TU: _____ EQUESTRIAN: _____

(RA) (T) (C) (LG) (D) (RP)

(J) (CV) (R) (F) (P) (L)

_____
_____
_____
_____
_____
_____
_____
_____
_____
_____
_____
_____

WE: _____ EQUESTRIAN: _____

(RA) (T) (C) (LG) (D) (RP)

(J) (CV) (R) (F) (P) (L)

_____
_____
_____
_____
_____
_____
_____
_____
_____
_____
_____

TH: _____ EQUESTRIAN: _____

(RA) (T) (C) (LG) (D) (RP)

(J) (CV) (R) (F) (P) (L)

_____
_____
_____
_____
_____
_____
_____
_____
_____
_____
_____

 RIDING ARENA TERRAIN COURSE LONGEING DRESSAGE ROUND PEN

FR: EQUESTRIAN:

(RA) (T) (C) (LG) (D) (RP)

(J) (CV) (R) (F) (P) (L)

_____
_____
_____
_____
_____
_____
_____
_____
_____
_____

SA: EQUESTRIAN:

(RA) (T) (C) (LG) (D) (RP)

(J) (CV) (R) (F) (P) (L)

_____
_____
_____
_____
_____
_____
_____
_____
_____
_____

SU: EQUESTRIAN:

(RA) (T) (C) (LG) (D) (RP)

(J) (CV) (R) (F) (P) (L)

_____
_____
_____
_____
_____
_____
_____
_____
_____
_____

 JUMPING   CAVALETTI   RIDE OUT   FREE JUMPING   PADDOCK   LETTING IT RUN

MO: EQUESTRIAN:

RA T C LG D RP
J CV R F P L

_____
_____
_____
_____
_____
_____
_____
_____
_____
_____
_____

TU: EQUESTRIAN:

RA T C LG D RP
J CV R F P L

_____
_____
_____
_____
_____
_____
_____
_____
_____
_____
_____

WE: EQUESTRIAN:

RA T C LG D RP
J CV R F P L

_____
_____
_____
_____
_____
_____
_____
_____
_____
_____
_____

TH: EQUESTRIAN:

RA T C LG D RP
J CV R F P L

_____
_____
_____
_____
_____
_____
_____
_____
_____
_____
_____

 RIDING ARENA  TERRAIN COURSE LONGEING DRESSAGE RP ROUND PEN

FR: EQUESTRIAN:

SA: EQUESTRIAN:

SU: EQUESTRIAN:

 JUMPING   CAVALETTI   RIDE OUT   FREE JUMPING   PADDOCK   LETTING IT RUN

MO: EQUESTRIAN:

RA · T · C · LG · D · RP

J · CV · R · F · P · L

TU: EQUESTRIAN:

RA · T · C · LG · D · RP

J · CV · R · F · P · L

WE: EQUESTRIAN:

RA · T · C · LG · D · RP

J · CV · R · F · P · L

TH: EQUESTRIAN:

RA · T · C · LG · D · RP

J · CV · R · F · P · L

 RIDING ARENA TERRAIN COURSE LONGEING DRESSAGE RP ROUND PEN

FR:  EQUESTRIAN: SA: EQUESTRIAN:

SU: EQUESTRIAN:

 JUMPING   CAVALETTI   RIDE OUT   FREE JUMPING   PADDOCK   LETTING IT RUN

Our monthly résumé

WHAT WE HAVE ACHIEVED

WHAT WE HAVE NOT ACHIEVED

WHAT HAVE WE LEARNED?

WHAT DID WE EXPERIENCE?

WHAT HAS CHANGED HEALTH-WISE?

WHAT HAS GOTTEN US FURTHER?

OUR MOOD WAS

PROBLEMS WE HAVE MASTERED   ISSUES WE WILL ADDRESS NEXT MONTH

TO-DOS

- _____
- _____
- _____
- _____
- _____
- _____

FINAL THOUGHTS

June

SUNDAY	MONDAY	TUESEDAY	WEDNESDAY
		01	02
CW 24 06	07	08	09
CW 25 13	14	15	16
CW 26 20	21	22	23
CW 27 27	28	29	30

THURSDAY	FRIDAY	SATURDAY
03	**04**	**05**
10	**11**	**12**
17	**18**	**19**
24	**25**	**26**

JUNE

01   *June*   *Tuesday*

- [ ] _____
- [ ] _____
- [ ] _____
- [ ] _____
- [ ] _____
- [ ] _____

02   *June*   *Wednesday*

- [ ] _____
- [ ] _____
- [ ] _____
- [ ] _____
- [ ] _____
- [ ] _____

03   June   Thursday

-
-
-
-
-
-

04   June   Friday

-
-
-
-
-
-

05   June   Saturday

-
-
-
-
-
-

06 $\frac{CW}{24}$ *June*   *Sunday*

07   *June*   *Monday*

08   *June*   *Tuesday*

09   *June*   *Wednesday*

10   *June*   *Thursday*

-
-
-
-
-
-

11   *June*   *Friday*

-
-
-
-
-
-

12   *June*   *Saturday*

-
-
-
-
-
-

13 CW/25   June   Sunday

- _____
- _____
- _____
- _____
- _____
- _____

14   June   Monday

- _____
- _____
- _____
- _____
- _____
- _____

15   June   Tuesday

- _____
- _____
- _____
- _____
- _____
- _____

16   June   Wednesday

- _____
- _____
- _____
- _____
- _____
- _____

17 *June* *Thursday*

-
-
-
-
-
-

18 *June* *Friday*

-
-
-
-
-
-

19 *June* *Saturday*

-
-
-
-
-
-

20 $\frac{CW}{26}$ June   Sunday

-
-
-
-
-
-

21 June   Monday

-
-
-
-
-
-

22 June   Tuesday

-
-
-
-
-
-

23 June   Wednesday

-
-
-
-
-
-

24 June   Thursday

-
-
-
-
-
-

25 June   Friday

-
-
-
-
-
-

26 June   Saturday

-
-
-
-
-
-

27 $\frac{CW}{27}$ June   Sunday

- ☐ _____
- ☐ _____
- ☐ _____
- ☐ _____
- ☐ _____
- ☐ _____

28 June   Monday

- ☐ _____
- ☐ _____
- ☐ _____
- ☐ _____
- ☐ _____
- ☐ _____

29 June   Tuesday

- ☐ _____
- ☐ _____
- ☐ _____
- ☐ _____
- ☐ _____
- ☐ _____

30 June   Wednesday

- ☐ _____
- ☐ _____
- ☐ _____
- ☐ _____
- ☐ _____
- ☐ _____

Last month...

... I ACCOMPLISHED

... I DID NOT ACCOMPLISHED

... I WAS GREATFUL FOR

... I WAS DEPRESSED BECAUSE

... HAS MADE ME HAPPY

... HAS BROUGHT ME FURTHER PERSONALLY

... WAS MY MOOD

...I HAVE FOUND A SOLUTION FOR

...I HAVE NOT FOUND A SOLUTION FOR

...I HAVE ACHIEVED THE FOLLOWING GOALS

FOR THE NEXT MONTH I PLAN TO

MO: EQUESTRIAN:

(RA) (T) (C) (LG) (D) (RP)

(J) (CV) (R) (F) (P) (L)

_____
_____
_____
_____
_____
_____
_____
_____
_____
_____
_____

TU: EQUESTRIAN:

(RA) (T) (C) (LG) (D) (RP)

(J) (CV) (R) (F) (P) (L)

_____
_____
_____
_____
_____
_____
_____
_____
_____
_____
_____

WE: EQUESTRIAN:

(RA) (T) (C) (LG) (D) (RP)

(J) (CV) (R) (F) (P) (L)

_____
_____
_____
_____
_____
_____
_____
_____
_____
_____
_____

TH: EQUESTRIAN:

(RA) (T) (C) (LG) (D) (RP)

(J) (CV) (R) (F) (P) (L)

_____
_____
_____
_____
_____
_____
_____
_____
_____
_____
_____

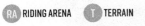 RIDING ARENA TERRAIN COURSE LONGEING DRESSAGE ROUND PEN

FR: EQUESTRIAN:

RA T C LG D RP

J CV R F P L

SA: EQUESTRIAN:

RA T C LG D RP

J CV R F P L

SU: EQUESTRIAN:

RA T C LG D RP

J CV R F P L

 JUMPING CAVALETTI RIDE OUT FREE JUMPING PADDOCK LETTING IT RUN

MO: EQUESTRIAN:

TU: EQUESTRIAN:

WE: EQUESTRIAN:

TH: EQUESTRIAN:

 RIDING ARENA   T TERRAIN   C COURSE   LONGEING   D DRESSAGE   ROUND PEN

154

FR: EQUESTRIAN:

SA: EQUESTRIAN:

SU: EQUESTRIAN:

 JUMPING   CAVALETTI   RIDE OUT   FREE JUMPING   PADDOCK   LETTING IT RUN

MO: EQUESTRIAN:

(RA) (T) (C) (LG) (D) (RP)

(J) (CV) (R) (F) (P) (L)

_____
_____
_____
_____
_____
_____
_____
_____
_____
_____

TU: EQUESTRIAN:

(RA) (T) (C) (LG) (D) (RP)

(J) (CV) (R) (F) (P) (L)

_____
_____
_____
_____
_____
_____
_____
_____
_____
_____

WE: EQUESTRIAN:

(RA) (T) (C) (LG) (D) (RP)

(J) (CV) (R) (F) (P) (L)

_____
_____
_____
_____
_____
_____
_____
_____
_____
_____

TH: EQUESTRIAN:

(RA) (T) (C) (LG) (D) (RP)

(J) (CV) (R) (F) (P) (L)

_____
_____
_____
_____
_____
_____
_____
_____
_____
_____

 RIDING ARENA TERRAIN COURSE LONGEING DRESSAGE ROUND PEN

FR: EQUESTRIAN:

SA: EQUESTRIAN:

SU: EQUESTRIAN:

 JUMPING   CAVALETTI   RIDE OUT   FREE JUMPING   PADDOCK   LETTING IT RUN

MO: EQUESTRIAN:

RA   T   C   LG   D   RP

J   CV   R   F   P   L

TU: EQUESTRIAN:

RA   T   C   LG   D   RP

J   CV   R   F   P   L

WE: EQUESTRIAN:

RA   T   C   LG   D   RP

J   CV   R   F   P   L

TH: EQUESTRIAN:

RA   T   C   LG   D   RP

J   CV   R   F   P   L

 RIDING ARENA TERRAIN COURSE LONGEING DRESSAGE   RP ROUND PEN

FR: EQUESTRIAN:

SA: EQUESTRIAN:

SU: EQUESTRIAN:

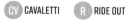 JUMPING   CAVALETTI   RIDE OUT   FREE JUMPING   PADDOCK   LETTING IT RUN

Our monthly résumé

WHAT WE HAVE ACHIEVED

WHAT WE HAVE NOT ACHIEVED

WHAT HAVE WE LEARNED?

WHAT DID WE EXPERIENCE?

WHAT HAS CHANGED HEALTH-WISE?

WHAT HAS GOTTEN US FURTHER?

OUR MOOD WAS

PROBLEMS WE HAVE MASTERED   ISSUES WE WILL ADDRESS NEXT MONTH

TO-DOS

- _____
- _____
- _____
- _____
- _____
- _____

FINAL THOUGHTS

July

SUNDAY	MONDAY	TUESEDAY	WEDNESDAY
CW 28 **04**	**05**	**06**	**07**
INDEPENDENCE DAY			
CW 29 **11**	**12**	**13**	**14**
CW 30 **18**	**19**	**20**	**21**
CW 31 **25**	**26**	**27**	**28**

THURSDAY	FRIDAY	SATURDAY
01	**02**	**03**
08	**09**	**10**
15	**16**	**17**
22	**23**	**24**
29	**30**	**31**

01   July   Thursday

- [ ]
- [ ]
- [ ]
- [ ]
- [ ]
- [ ]

02   July   Friday

- [ ]
- [ ]
- [ ]
- [ ]
- [ ]
- [ ]

03   July   Saturday

- [ ]
- [ ]
- [ ]
- [ ]
- [ ]
- [ ]

04 $\frac{CW}{28}$ *July*   INDEPENDENCE DAY   *Sunday*

05   *July*   *Monday*

06   *July*   *Tuesday*

07   *July*   *Wednesday*

08   *July*   *Thursday*

-
-
-
-
-
-

09   *July*   *Friday*

-
-
-
-
-
-

10   *July*   *Saturday*

-
-
-
-
-
-

11 $\frac{CW}{29}$ July   Sunday

12   July   Monday

13   July   Tuesday

14   July   Wednesday

15   *July*   *Thursday*

- ☐
- ☐
- ☐
- ☐
- ☐
- ☐

16   *July*   *Friday*

- ☐
- ☐
- ☐
- ☐
- ☐
- ☐

17   *July*   *Saturday*

- ☐
- ☐
- ☐
- ☐
- ☐
- ☐

18 $\frac{CW}{30}$ *July*   *Sunday*

19   *July*   *Monday*

20   *July*   *Tuesday*

21   *July*   *Wednesday*

22   *July*   *Thursday*

-
-
-
-
-
-

23   *July*   *Friday*

-
-
-
-
-
-

24   *July*   *Saturday*

-
-
-
-
-
-

25 $\frac{CW}{31}$ *July*   *Sunday*

-
-
-
-
-
-

26   *July*   *Monday*

-
-
-
-
-
-

27   *July*   *Tuesday*

-
-
-
-
-
-

28   *July*   *Wednesday*

-
-
-
-
-
-

29 *July* *Thursday*

-
-
-
-
-
-

30 *July* *Friday*

-
-
-
-
-
-

31 *July* *Saturday*

-
-
-
-
-
-

Last month...

... I ACCOMPLISHED

... I DID NOT ACCOMPLISHED

... I WAS GREATFUL FOR

... I WAS DEPRESSED BECAUSE

... HAS MADE ME HAPPY

... HAS BROUGHT ME FURTHER PERSONALLY

... WAS MY MOOD

...I HAVE FOUND A SOLUTION FOR   ...I HAVE NOT FOUND A SOLUTION FOR

.

...I HAVE ACHIEVED THE FOLLOWING GOALS

-
-
-
-
-
-

FOR THE NEXT MONTH I PLAN TO

MO: EQUESTRIAN:

RA **T** **C** **LG** **D** **RP**

J **CV** **R** **F** **P** **L**

_____
_____
_____
_____
_____
_____
_____
_____
_____
_____

TU: EQUESTRIAN:

RA **T** **C** **LG** **D** **RP**

J **CV** **R** **F** **P** **L**

_____
_____
_____
_____
_____
_____
_____
_____
_____
_____

WE: EQUESTRIAN:

RA **T** **C** **LG** **D** **RP**

J **CV** **R** **F** **P** **L**

_____
_____
_____
_____
_____
_____
_____
_____
_____
_____

TH: EQUESTRIAN:

RA **T** **C** **LG** **D** **RP**

J **CV** **R** **F** **P** **L**

_____
_____
_____
_____
_____
_____
_____
_____
_____
_____

 RIDING ARENA TERRAIN COURSE LONGEING DRESSAGE **RP** ROUND PEN

FR: EQUESTRIAN:

SA: EQUESTRIAN:

SU: EQUESTRIAN:

 JUMPING CAVALETTI RIDE OUT FREE JUMPING PADDOCK LETTING IT RUN

MO: _____ EQUESTRIAN: _____

RA T C LG D RP

J CV R F P L

_____
_____
_____
_____
_____
_____
_____
_____
_____
_____
_____
_____

TU: _____ EQUESTRIAN: _____

RA T C LG D RP

J CV R F P L

_____
_____
_____
_____
_____
_____
_____
_____
_____
_____
_____
_____

WE: _____ EQUESTRIAN: _____

RA T C LG D RP

J CV R F P L

_____
_____
_____
_____
_____
_____
_____
_____
_____
_____
_____
_____

TH: _____ EQUESTRIAN: _____

RA T C LG D RP

J CV R F P L

_____
_____
_____
_____
_____
_____
_____
_____
_____
_____
_____
_____

 RIDING ARENA TERRAIN  COURSE LONGEING DRESSAGE RP ROUND PEN

FR: EQUESTRIAN:

SA: EQUESTRIAN:

SU: EQUESTRIAN:

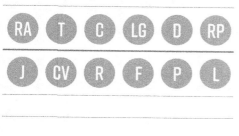

 JUMPING   CAVALETTI   RIDE OUT   FREE JUMPING   PADDOCK   LETTING IT RUN

MO: EQUESTRIAN:

(RA) (T) (C) (LG) (D) (RP)

(J) (CV) (R) (F) (P) (L)

_____
_____
_____
_____
_____
_____
_____
_____
_____
_____

TU: EQUESTRIAN:

(RA) (T) (C) (LG) (D) (RP)

(J) (CV) (R) (F) (P) (L)

_____
_____
_____
_____
_____
_____
_____
_____
_____
_____

WE: EQUESTRIAN:

(RA) (T) (C) (LG) (D) (RP)

(J) (CV) (R) (F) (P) (L)

_____
_____
_____
_____
_____
_____
_____
_____
_____
_____

TH: EQUESTRIAN:

(RA) (T) (C) (LG) (D) (RP)

(J) (CV) (R) (F) (P) (L)

_____
_____
_____
_____
_____
_____
_____
_____
_____
_____

(RA) RIDING ARENA   (T) TERRAIN   (C) COURSE   (LG) LONGEING   (D) DRESSAGE   (RP) ROUND PEN

FR: EQUESTRIAN:

(RA) (T) (C) (LG) (D) (RP)

(J) (CV) (R) (F) (P) (L)

_____
_____
_____
_____
_____
_____
_____
_____
_____
_____

SA: EQUESTRIAN:

(RA) (T) (C) (LG) (D) (RP)

(J) (CV) (R) (F) (P) (L)

_____
_____
_____
_____
_____
_____
_____
_____
_____
_____

SU: EQUESTRIAN:

(RA) (T) (C) (LG) (D) (RP)

(J) (CV) (R) (F) (P) (L)

_____
_____
_____
_____
_____
_____
_____
_____
_____
_____

 JUMPING   CAVALETTI   RIDE OUT   FREE JUMPING   PADDOCK   LETTING IT RUN

MO: EQUESTRIAN:

(RA) (T) (C) (LG) (D) (RP)
(J) (CV) (R) (F) (P) (L)

TU: EQUESTRIAN:

(RA) (T) (C) (LG) (D) (RP)
(J) (CV) (R) (F) (P) (L)

WE: EQUESTRIAN:

(RA) (T) (C) (LG) (D) (RP)
(J) (CV) (R) (F) (P) (L)

TH: EQUESTRIAN:

(RA) (T) (C) (LG) (D) (RP)
(J) (CV) (R) (F) (P) (L)

 RIDING ARENA TERRAIN COURSE LONGEING DRESSAGE (RP) ROUND PEN

FR: _____ EQUESTRIAN: _____

RA T C LG D RP

J CV R F P L

_____
_____
_____
_____
_____
_____
_____
_____
_____
_____

SA: _____ EQUESTRIAN: _____

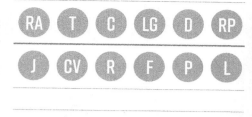

RA T C LG D RP

J CV R F P L

_____
_____
_____
_____
_____
_____
_____
_____
_____
_____

SU: _____ EQUESTRIAN: _____

RA T C LG D RP

J CV R F P L

_____
_____
_____
_____
_____
_____
_____
_____
_____
_____

 JUMPING   CAVALETTI   RIDE OUT   FREE JUMPING   PADDOCK   LETTING IT RUN

Our monthly résumé

WHAT WE HAVE ACHIEVED

WHAT WE HAVE NOT ACHIEVED

WHAT HAVE WE LEARNED?

WHAT DID WE EXPERIENCE?

WHAT HAS CHANGED HEALTH-WISE?

WHAT HAS GOTTEN US FURTHER?

OUR MOOD WAS

PROBLEMS WE HAVE MASTERED   ISSUES WE WILL ADDRESS NEXT MONTH

TO-DOS

FINAL THOUGHTS

August

SUNDAY	MONDAY	TUESEDAY	WEDNESDAY
CW 32 **01**	**02**	**03**	**04**
CW 33 **08**	**09**	**10**	**11**
CW 34 **15**	**16**	**17**	**18**
CW 35 **22**	**23**	**24**	**25**
CW 36 **29**	**30**	**31**	

THURSDAY	FRIDAY	SATURDAY
05	**06**	**07**
12	**13**	**14**
19	**20**	**21**
26	**27**	**28**

01 $\frac{CW}{32}$ August Sunday

- ☐ _____
- ☐ _____
- ☐ _____
- ☐ _____
- ☐ _____
- ☐ _____

02 August Monday

- ☐ _____
- ☐ _____
- ☐ _____
- ☐ _____
- ☐ _____
- ☐ _____

03 August Tuesday

- ☐ _____
- ☐ _____
- ☐ _____
- ☐ _____
- ☐ _____
- ☐ _____

04 August Wednesday

- ☐ _____
- ☐ _____
- ☐ _____
- ☐ _____
- ☐ _____
- ☐ _____

05   *August*   *Thursday*

- ▪
- ▪
- ▪
- ▪
- ▪
- ▪

06   *August*   *Friday*

- ▪
- ▪
- ▪
- ▪
- ▪
- ▪

07   *August*   *Saturday*

- ▪
- ▪
- ▪
- ▪
- ▪
- ▪

08 $\frac{CW}{33}$ August   Sunday

-
-
-
-
-
-

09 August   Monday

-
-
-
-
-
-

10 August   Tuesday

-
-
-
-
-
-

11 August   Wednesday

-
-
-
-
-
-

12 August   Thursday

-
-
-
-
-
-

13 August   Friday

-
-
-
-
-
-

14 August   Saturday

-
-
-
-
-
-

15 $\frac{CW}{34}$ August   Sunday

16   August   Monday

17   August   Tuesday

18   August   Wednesday

19   *August*   *Thursday*

- [ ]
- [ ]
- [ ]
- [ ]
- [ ]
- [ ]

20   *August*   *Friday*

- [ ]
- [ ]
- [ ]
- [ ]
- [ ]
- [ ]

21   *August*   *Saturday*

- [ ]
- [ ]
- [ ]
- [ ]
- [ ]
- [ ]

22 $\frac{CW}{35}$ *August*   *Sunday*

-
-
-
-
-
-

23   *August*   *Monday*

-
-
-
-
-
-

24   *August*   *Tuesday*

-
-
-
-
-
-

25   *August*   *Wednesday*

-
-
-
-
-
-

26 *August* *Thursday*

- _____
- _____
- _____
- _____
- _____
- _____

27 *August* *Friday*

- _____
- _____
- _____
- _____
- _____
- _____

28 *August* *Saturday*

- _____
- _____
- _____
- _____
- _____
- _____

29 $\frac{CW}{36}$ August   Sunday

-
-
-
-
-
-

30   August   Monday

-
-
-
-
-
-

31   August   Tuesday

-
-
-
-
-
-

Last month...

... I ACCOMPLISHED

... I DID NOT ACCOMPLISHED

... I WAS GREATFUL FOR

... I WAS DEPRESSED BECAUSE

... HAS MADE ME HAPPY

... HAS BROUGHT ME FURTHER PERSONALLY

... WAS MY MOOD

... I HAVE FOUND A SOLUTION FOR

... I HAVE NOT FOUND A SOLUTION FOR

... I HAVE ACHIEVED THE FOLLOWING GOALS

FOR THE NEXT MONTH I PLAN TO

MO: EQUESTRIAN:

RA T C LG D RP

J CV R F P L

_____
_____
_____
_____
_____
_____
_____
_____
_____
_____
_____

TU: EQUESTRIAN:

RA T C LG D RP

J CV R F P L

_____
_____
_____
_____
_____
_____
_____
_____
_____
_____
_____

WE: EQUESTRIAN:

RA T C LG D RP

J CV R F P L

_____
_____
_____
_____
_____
_____
_____
_____
_____
_____
_____

TH: EQUESTRIAN:

RA T C LG D RP

J CV R F P L

_____
_____
_____
_____
_____
_____
_____
_____
_____
_____
_____

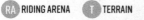 RA RIDING ARENA   T TERRAIN   C COURSE   LG LONGEING   D DRESSAGE RP ROUND PEN

FR: EQUESTRIAN:

(RA) (T) (C) (LG) (D) (RP)

(J) (CV) (R) (F) (P) (L)

SA: EQUESTRIAN:

(RA) (T) (C) (LG) (D) (RP)

(J) (CV) (R) (F) (P) (L)

SU: EQUESTRIAN:

(RA) (T) (C) (LG) (D) (RP)

(J) (CV) (R) (F) (P) (L)

 JUMPING   CAVALETTI   RIDE OUT   FREE JUMPING   PADDOCK   LETTING IT RUN

MO: EQUESTRIAN:

(RA) (T) (C) (LG) (D) (RP)

(J) (CV) (R) (F) (P) (L)

_____
_____
_____
_____
_____
_____
_____
_____
_____
_____
_____

TU: EQUESTRIAN:

(RA) (T) (C) (LG) (D) (RP)

(J) (CV) (R) (F) (P) (L)

_____
_____
_____
_____
_____
_____
_____
_____
_____
_____
_____

WE: EQUESTRIAN:

(RA) (T) (C) (LG) (D) (RP)

(J) (CV) (R) (F) (P) (L)

_____
_____
_____
_____
_____
_____
_____
_____
_____
_____
_____

TH: EQUESTRIAN:

(RA) (T) (C) (LG) (D) (RP)

(J) (CV) (R) (F) (P) (L)

_____
_____
_____
_____
_____
_____
_____
_____
_____
_____
_____

 RIDING ARENA TERRAIN COURSE LONGEING DRESSAGE ROUND PEN

FR: EQUESTRIAN:

SA: EQUESTRIAN:

SU: EQUESTRIAN:

 JUMPING   CAVALETTI   RIDE OUT   FREE JUMPING   PADDOCK   LETTING IT RUN

MO: EQUESTRIAN:

RA T C LG D RP

J CV R F P L

TU: EQUESTRIAN:

RA T C LG D RP

J CV R F P L

WE: EQUESTRIAN:

RA T C LG D RP

J CV R F P L

TH: EQUESTRIAN:

RA T C LG D RP

J CV R F P L

  RIDING ARENA   TERRAIN   COURSE   LONGEING   DRESSAGE   ROUND PEN

FR: EQUESTRIAN:

SA: EQUESTRIAN:

SU: EQUESTRIAN:

 JUMPING   CAVALETTI   RIDE OUT   FREE JUMPING   PADDOCK   LETTING IT RUN

MO: EQUESTRIAN:

(RA) (T) (C) (LG) (D) (RP)

(J) (CV) (R) (F) (P) (L)

_____
_____
_____
_____
_____
_____
_____
_____
_____
_____
_____
_____

TU: EQUESTRIAN:

(RA) (T) (C) (LG) (D) (RP)

(J) (CV) (R) (F) (P) (L)

_____
_____
_____
_____
_____
_____
_____
_____
_____
_____
_____
_____

WE: EQUESTRIAN:

(RA) (T) (C) (LG) (D) (RP)

(J) (CV) (R) (F) (P) (L)

_____
_____
_____
_____
_____
_____
_____
_____
_____
_____
_____
_____

TH: EQUESTRIAN:

(RA) (T) (C) (LG) (D) (RP)

(J) (CV) (R) (F) (P) (L)

_____
_____
_____
_____
_____
_____
_____
_____
_____
_____
_____
_____

 RIDING ARENA   TERRAIN   COURSE   LONGEING   DRESSAGE   (RP) ROUND PEN

FR: EQUESTRIAN:

SA: EQUESTRIAN:

SU: EQUESTRIAN:

 JUMPING   CAVALETTI   RIDE OUT   FREE JUMPING   PADDOCK   LETTING IT RUN

Our monthly résumé

WHAT WE HAVE ACHIEVED

WHAT WE HAVE NOT ACHIEVED

WHAT HAVE WE LEARNED?

WHAT DID WE EXPERIENCE?

WHAT HAS CHANGED HEALTH-WISE?

WHAT HAS GOTTEN US FURTHER?

OUR MOOD WAS

PROBLEMS WE HAVE MASTERED   ISSUES WE WILL ADDRESS NEXT MONTH

TO-DOS

FINAL THOUGHTS

September

SUNDAY	MONDAY	TUESEDAY	WEDNESDAY
			01
CW 37 **05**	**06** LABOR DAY	**07**	**08**
CW 38 **12**	**13**	**14**	**15**
CW 39 **19**	**20**	**21**	**22**
CW 40 **26**	**27**	**28**	**29**

THURSDAY	FRIDAY	SATURDAY
02	**03**	**04**
09	**10**	**11**
16	**17**	**18**
23	**24**	**25**
30		

SEPTEMBER

01   September   Wednesday

-
-
-
-
-
-

02 September   Thursday

-
-
-
-
-
-

03 September   Friday

-
-
-
-
-
-

04 September   Saturday

-
-
-
-
-
-

05 CW 37 *September*   LABOR DAY   *Sunday*

06 *September*   *Monday*

07 *September*   *Tuesday*

08 *September*   *Wednesday*

09 September   Thursday

-
-
-
-
-
-

10 September   Friday

-
-
-
-
-
-

11 September   Saturday

-
-
-
-
-
-

12 $\frac{CW}{38}$ September   Sunday

13 September   Monday

14 September   Tuesday

15 September   Wednesday

16 *September*   *Thursday*

17 *September*   *Friday*

18 *September*   *Saturday*

19 $\frac{CW}{39}$ September   Sunday

20   September   Monday

21   September   Tuesday

22   September   Wednesday

23 September — Thursday

-
-
-
-
-
-

24 September — Friday

-
-
-
-
-
-

25 September — Saturday

-
-
-
-
-
-

26 $\frac{CW}{40}$ September   Sunday

- _____
- _____
- _____
- _____
- _____
- _____

27 September   Monday

- _____
- _____
- _____
- _____
- _____
- _____

28 September   Tuesday

- _____
- _____
- _____
- _____
- _____
- _____

29 September   Wednesday

- _____
- _____
- _____
- _____
- _____
- _____

Last month...

... I ACCOMPLISHED

... I DID NOT ACCOMPLISHED

... I WAS GREATFUL FOR

... I WAS DEPRESSED BECAUSE

... HAS MADE ME HAPPY

... HAS BROUGHT ME FURTHER PERSONALLY

... WAS MY MOOD

...I HAVE FOUND A SOLUTION FOR

...I HAVE NOT FOUND A SOLUTION FOR

...I HAVE ACHIEVED THE FOLLOWING GOALS

FOR THE NEXT MONTH I PLAN TO

MO: EQUESTRIAN:

(RA) (T) (C) (LG) (D) (RP)

(J) (CV) (R) (F) (P) (L)

_____
_____
_____
_____
_____
_____
_____
_____
_____
_____

TU: EQUESTRIAN:

(RA) (T) (C) (LG) (D) (RP)

(J) (CV) (R) (F) (P) (L)

_____
_____
_____
_____
_____
_____
_____
_____
_____
_____

WE: EQUESTRIAN:

(RA) (T) (C) (LG) (D) (RP)

(J) (CV) (R) (F) (P) (L)

_____
_____
_____
_____
_____
_____
_____
_____
_____
_____

TH: EQUESTRIAN:

(RA) (T) (C) (LG) (D) (RP)

(J) (CV) (R) (F) (P) (L)

_____
_____
_____
_____
_____
_____
_____
_____
_____
_____

 RIDING ARENA   TERRAIN   COURSE   LONGEING   DRESSAGE   ROUND PEN

FR: EQUESTRIAN:

RA T C LG D RP
J CV R F P L

SA: EQUESTRIAN:

RA T C LG D RP
J CV R F P L

SU: EQUESTRIAN:

RA T C LG D RP
J CV R F P L

 JUMPING   CAVALETTI   RIDE OUT   FREE JUMPING   PADDOCK   LETTING IT RUN

MO: _____ EQUESTRIAN: _____

RA T C LG D RP

J CV R F P L

_____
_____
_____
_____
_____
_____
_____
_____
_____
_____
_____
_____

TU: _____ EQUESTRIAN: _____

RA T C LG D RP

J CV R F P L

_____
_____
_____
_____
_____
_____
_____
_____
_____
_____
_____
_____

WE: _____ EQUESTRIAN: _____

RA T C LG D RP

J CV R F P L

_____
_____
_____
_____
_____
_____
_____
_____
_____
_____
_____
_____

TH: _____ EQUESTRIAN: _____

RA T C LG D RP

J CV R F P L

_____
_____
_____
_____
_____
_____
_____
_____
_____
_____
_____
_____

 RIDING ARENA TERRAIN  COURSE LONGEING DRESSAGE RP ROUND PEN

FR: EQUESTRIAN:

SA: EQUESTRIAN:

SU: EQUESTRIAN:

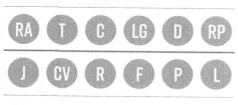

 JUMPING   CAVALETTI   RIDE OUT   FREE JUMPING   PADDOCK   LETTING IT RUN

MO: EQUESTRIAN:

RA T C LG D RP

J CV R F P L

TU: EQUESTRIAN:

RA T C LG D RP

J CV R F P L

WE: EQUESTRIAN:

RA T C LG D RP

J CV R F P L

TH: EQUESTRIAN:

RA T C LG D RP

J CV R F P L

 RA RIDING ARENA T TERRAIN C COURSE LG LONGEING D DRESSAGE RP ROUND PEN

FR: EQUESTRIAN: SA: EQUESTRIAN:

SU: EQUESTRIAN:

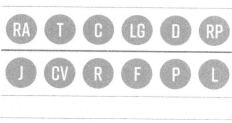

 JUMPING   CAVALETTI   RIDE OUT   FREE JUMPING   PADDOCK   LETTING IT RUN

MO: _____ EQUESTRIAN: _____

(RA) (T) (C) (LG) (D) (RP)

(J) (CV) (R) (F) (P) (L)

_____
_____
_____
_____
_____
_____
_____
_____
_____
_____
_____
_____

TU: _____ EQUESTRIAN: _____

(RA) (T) (C) (LG) (D) (RP)

(J) (CV) (R) (F) (P) (L)

_____
_____
_____
_____
_____
_____
_____
_____
_____
_____
_____
_____

WE: _____ EQUESTRIAN: _____

(RA) (T) (C) (LG) (D) (RP)

(J) (CV) (R) (F) (P) (L)

_____
_____
_____
_____
_____
_____
_____
_____
_____
_____
_____

TH: _____ EQUESTRIAN: _____

(RA) (T) (C) (LG) (D) (RP)

(J) (CV) (R) (F) (P) (L)

_____
_____
_____
_____
_____
_____
_____
_____
_____
_____
_____

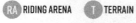 RIDING ARENA TERRAIN COURSE LONGEING DRESSAGE ROUND PEN

FR: EQUESTRIAN:

SA: EQUESTRIAN:

SU: EQUESTRIAN:

 JUMPING CAVALETTI RIDE OUT FREE JUMPING PADDOCK LETTING IT RUN

Our monthly résumé

WHAT WE HAVE ACHIEVED

WHAT WE HAVE NOT ACHIEVED

WHAT HAVE WE LEARNED?

WHAT DID WE EXPERIENCE?

WHAT HAS CHANGED HEALTH-WISE?

WHAT HAS GOTTEN US FURTHER?

OUR MOOD WAS

PROBLEMS WE HAVE MASTERED   ISSUES WE WILL ADDRESS NEXT MONTH

TO-DOS

FINAL THOUGHTS

October

SUNDAY	MONDAY	TUESEDAY	WEDNESDAY
CW 4I **03**	**04**	**05**	**06**
CW 42 **10**	**11** COLUMBUS DAY	**12**	**13**
CW 43 **17**	**18**	**19**	**20**
CW 44 **24**	**25**	**26**	**27**
CW 45 **31**			

THURSDAY	FRIDAY	SATURDAY
	01	**02**
07	**08**	**09**
14	**15**	**16**
21	**22**	**23**
28	**29**	**30**

01 *October*   *Friday*

- [ ] _____
- [ ] _____
- [ ] _____
- [ ] _____
- [ ] _____
- [ ] _____

02 *October*   *Saturday*

- [ ] _____
- [ ] _____
- [ ] _____
- [ ] _____
- [ ] _____
- [ ] _____

03 $\frac{CW}{47}$ October   Sunday

- [ ] _____
- [ ] _____
- [ ] _____
- [ ] _____
- [ ] _____
- [ ] _____

04   October   Monday

- [ ] _____
- [ ] _____
- [ ] _____
- [ ] _____
- [ ] _____
- [ ] _____

05   October   Tuesday

- [ ] _____
- [ ] _____
- [ ] _____
- [ ] _____
- [ ] _____
- [ ] _____

06   October   Wednesday

- [ ] _____
- [ ] _____
- [ ] _____
- [ ] _____
- [ ] _____
- [ ] _____

07   *October*   *Thursday*

08   *October*   *Friday*

09   *October*   *Saturday*

10 $\frac{CW}{42}$ *October*   *Sunday*

- [ ] _____
- [ ] _____
- [ ] _____
- [ ] _____
- [ ] _____
- [ ] _____

11 *October*   COLUMBUS DAY   *Monday*

- [ ] _____
- [ ] _____
- [ ] _____
- [ ] _____
- [ ] _____
- [ ] _____

12 *October*   *Tuesday*

- [ ] _____
- [ ] _____
- [ ] _____
- [ ] _____
- [ ] _____
- [ ] _____

13 *October*   *Wednesday*

- [ ] _____
- [ ] _____
- [ ] _____
- [ ] _____
- [ ] _____
- [ ] _____

14   *October*   *Thursday*

15   *October*   *Friday*

16   *October*   *Saturday*

17 $\frac{CW}{43}$ *October*   *Sunday*

-
-
-
-
-
-

18   *October*   *Monday*

-
-
-
-
-
-

19   *October*   *Tuesday*

-
-
-
-
-
-

20   *October*   *Wednesday*

-
-
-
-
-
-

21 October   Thursday

-
-
-
-
-
-

22 October   Friday

-
-
-
-
-
-

23 October   Saturday

-
-
-
-
-
-

24 $\frac{CW}{44}$ October   Sunday

-
-
-
-
-
-

25   October   Monday

-
-
-
-
-
-

26   October   Tuesday

-
-
-
-
-
-

27   October   Wednesday

-
-
-
-
-
-

28 October   Thursday

-
-
-
-
-
-

29 October   Friday

-
-
-
-
-
-

30 $\frac{CW}{44}$ October   Saturday

-
-
-
-
-
-

31 *October* *Sunday*

-
-
-
-
-
-

Last month...

... I ACCOMPLISHED

... I DID NOT ACCOMPLISHED

... I WAS GREATFUL FOR

... I WAS DEPRESSED BECAUSE

... HAS MADE ME HAPPY

... HAS BROUGHT ME FURTHER PERSONALLY

... WAS MY MOOD

... I HAVE FOUND A SOLUTION FOR

... I HAVE NOT FOUND A SOLUTION FOR

... I HAVE ACHIEVED THE FOLLOWING GOALS

FOR THE NEXT MONTH I PLAN TO

MO: EQUESTRIAN:

RA T C LG D RP
J CV R F P L

_____
_____
_____
_____
_____
_____
_____
_____
_____
_____
_____

TU: EQUESTRIAN:

RA T C LG D RP
J CV R F P L

_____
_____
_____
_____
_____
_____
_____
_____
_____
_____
_____

WE: EQUESTRIAN:

RA T C LG D RP
J CV R F P L

_____
_____
_____
_____
_____
_____
_____
_____
_____
_____
_____

TH: EQUESTRIAN:

RA T C LG D RP
J CV R F P L

_____
_____
_____
_____
_____
_____
_____
_____
_____
_____
_____

 RA RIDING ARENA T TERRAIN C COURSE LG LONGEING D DRESSAGE RP ROUND PEN

FR: EQUESTRIAN: SA: EQUESTRIAN:

SU: EQUESTRIAN:

 JUMPING   CAVALETTI   RIDE OUT   FREE JUMPING   PADDOCK   LETTING IT RUN

MO: EQUESTRIAN:

(RA) (T) (C) (LG) (D) (RP)

(J) (CV) (R) (F) (P) (L)

_____
_____
_____
_____
_____
_____
_____
_____
_____
_____
_____

TU: EQUESTRIAN:

(RA) (T) (C) (LG) (D) (RP)

(J) (CV) (R) (F) (P) (L)

_____
_____
_____
_____
_____
_____
_____
_____
_____
_____
_____

WE: EQUESTRIAN:

(RA) (T) (C) (LG) (D) (RP)

(J) (CV) (R) (F) (P) (L)

_____
_____
_____
_____
_____
_____
_____
_____
_____
_____
_____

TH: EQUESTRIAN:

(RA) (T) (C) (LG) (D) (RP)

(J) (CV) (R) (F) (P) (L)

_____
_____
_____
_____
_____
_____
_____
_____
_____
_____
_____

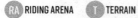 RIDING ARENA   TERRAIN   COURSE   LONGEING   DRESSAGE   ROUND PEN

FR: EQUESTRIAN:

SA: EQUESTRIAN:

SU: EQUESTRIAN:

 JUMPING   CAVALETTI   RIDE OUT   FREE JUMPING   PADDOCK   LETTING IT RUN

MO: EQUESTRIAN:

(RA) (T) (C) (LG) (D) (RP)

(J) (CV) (R) (F) (P) (L)

_____
_____
_____
_____
_____
_____
_____
_____
_____
_____
_____
_____

TU: EQUESTRIAN:

(RA) (T) (C) (LG) (D) (RP)

(J) (CV) (R) (F) (P) (L)

_____
_____
_____
_____
_____
_____
_____
_____
_____
_____
_____
_____

WE: EQUESTRIAN:

(RA) (T) (C) (LG) (D) (RP)

(J) (CV) (R) (F) (P) (L)

_____
_____
_____
_____
_____
_____
_____
_____
_____
_____
_____

TH: EQUESTRIAN:

(RA) (T) (C) (LG) (D) (RP)

(J) (CV) (R) (F) (P) (L)

_____
_____
_____
_____
_____
_____
_____
_____
_____
_____
_____

 RIDING ARENA   TERRAIN   COURSE   LONGEING   DRESSAGE   ROUND PEN

FR: EQUESTRIAN:

_____
_____
_____
_____
_____
_____
_____
_____
_____
_____

SA: EQUESTRIAN:

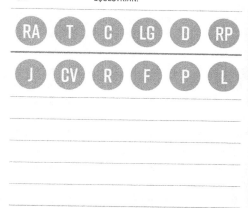

_____
_____
_____
_____
_____
_____
_____
_____
_____
_____

SU: EQUESTRIAN:

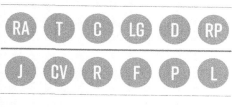

_____
_____
_____
_____
_____
_____
_____
_____
_____
_____
_____

 JUMPING   CAVALETTI   RIDE OUT   FREE JUMPING   PADDOCK   LETTING IT RUN

MO: EQUESTRIAN:

(RA) (T) (C) (LG) (D) (RP)

(J) (CV) (R) (F) (P) (L)

_____

_____

_____

_____

_____

_____

_____

_____

_____

_____

TU: EQUESTRIAN:

(RA) (T) (C) (LG) (D) (RP)

(J) (CV) (R) (F) (P) (L)

_____

_____

_____

_____

_____

_____

_____

_____

_____

_____

WE: EQUESTRIAN:

(RA) (T) (C) (LG) (D) (RP)

(J) (CV) (R) (F) (P) (L)

_____

_____

_____

_____

_____

_____

_____

_____

_____

_____

TH: EQUESTRIAN:

(RA) (T) (C) (LG) (D) (RP)

(J) (CV) (R) (F) (P) (L)

_____

_____

_____

_____

_____

_____

_____

_____

_____

_____

 RIDING ARENA   TERRAIN   COURSE   LONGEING   DRESSAGE   RP ROUND PEN

FR: EQUESTRIAN:

SA: EQUESTRIAN:

SU: EQUESTRIAN:

 JUMPING   CAVALETTI   RIDE OUT   FREE JUMPING   PADDOCK   LETTING IT RUN

Our monthly résumé

WHAT WE HAVE ACHIEVED

WHAT WE HAVE NOT ACHIEVED

WHAT HAVE WE LEARNED?

WHAT DID WE EXPERIENCE?

WHAT HAS CHANGED HEALTH-WISE?

WHAT HAS GOTTEN US FURTHER?

OUR MOOD WAS

PROBLEMS WE HAVE MASTERED   ISSUES WE WILL ADDRESS NEXT MONTH

TO-DOS

FINAL THOUGHTS

November

SUNDAY	MONDAY	TUESEDAY	WEDNESDAY
	01	**02**	**03**
CW 46 **07**	**08**	**09**	**10**
CW 47 **14**	**15**	**16**	**17**
CW 48 **21**	**22**	**23**	**24**
CW 49 **28**	**29**	**30**	

THURSDAY	FRIDAY	SATURDAY
04	**05**	**06**
11	**12**	**13**
VETERANS DAY		
18	**19**	**20**
25	**26**	**27**
THANKSGIVING		

01 November   Monday

- ▪ _____
- ▪ _____
- ▪ _____
- ▪ _____
- ▪ _____
- ▪ _____

02 November   Tuesday

- ▪ _____
- ▪ _____
- ▪ _____
- ▪ _____
- ▪ _____
- ▪ _____

03 November   Wednesday

- ▪ _____
- ▪ _____
- ▪ _____
- ▪ _____
- ▪ _____
- ▪ _____

04 November   Thursday

- [ ]
- [ ]
- [ ]
- [ ]
- [ ]
- [ ]

05 November   Friday

- [ ]
- [ ]
- [ ]
- [ ]
- [ ]
- [ ]

06 November   Saturday

- [ ]
- [ ]
- [ ]
- [ ]
- [ ]
- [ ]

07 $\frac{CW}{46}$ *November*   *Sunday*

08 *November*   *Monday*

09 *November*   *Tuesday*

10 *November*   *Wednesday*

11 *November*   VETERANS DAY   *Thursday*

-
-
-
-
-
-

12 *November*   *Friday*

-
-
-
-
-
-

13 *November*   *Saturday*

-
-
-
-
-
-

14 $\frac{CW}{47}$ November   Sunday

-
-
-
-
-
-

15 November   Monday

-
-
-
-
-
-

16 November   Tuesday

-
-
-
-
-
-

17 November   Wednesday

-
-
-
-
-
-

18 *November* *Thursday*

-
-
-
-
-
-

19 *November* *Friday*

-
-
-
-
-
-

20 *November* *Saturday*

-
-
-
-
-
-

21 $\frac{CW}{47}$ *November*   *Sunday*

22   *November*   *Monday*

23   *November*   *Tuesday*

24   *November*   *Wednesday*

25 *November*   THANKSGIVING *Thursday*

-
-
-
-
-
-

26 *November*   *Friday*

-
-
-
-
-
-

27 *November*   *Saturday*

-
-
-
-
-
-

28 ^{CW}/₄₈ November   Sunday

-
-
-
-
-
-

29   November   Monday

-
-
-
-
-
-

30   November   Tuesday

-
-
-
-
-
-

Last month...

... I ACCOMPLISHED

... I DID NOT ACCOMPLISHED

... I WAS GREATFUL FOR

... I WAS DEPRESSED BECAUSE

... HAS MADE ME HAPPY

... HAS BROUGHT ME FURTHER PERSONALLY

... WAS MY MOOD

...I HAVE FOUND A SOLUTION FOR

...I HAVE NOT FOUND A SOLUTION FOR

...I HAVE ACHIEVED THE FOLLOWING GOALS

FOR THE NEXT MONTH I PLAN TO

MO: EQUESTRIAN:

RA T C LG D RP

J CV R F P L

TU: EQUESTRIAN:

RA T C LG D RP

J CV R F P L

WE: EQUESTRIAN:

RA T C LG D RP

J CV R F P L

TH: EQUESTRIAN:

RA T C LG D RP

J CV R F P L

 RIDING ARENA   TERRAIN   COURSE   LONGEING   DRESSAGE RP ROUND PEN

FR: _____ EQUESTRIAN: _____

SA: _____ EQUESTRIAN: _____

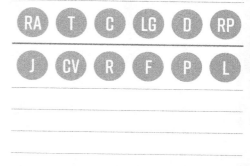

SU: _____ EQUESTRIAN: _____

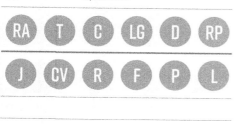

 JUMPING CAVALETTI RIDE OUT   FREE JUMPING PADDOCK LETTING IT RUN

MO: EQUESTRIAN:

(RA) (T) (C) (LG) (D) (RP)

(J) (CV) (R) (F) (P) (L)

_____
_____
_____
_____
_____
_____
_____
_____
_____
_____
_____
_____

TU: EQUESTRIAN:

(RA) (T) (C) (LG) (D) (RP)

(J) (CV) (R) (F) (P) (L)

_____
_____
_____
_____
_____
_____
_____
_____
_____
_____
_____
_____

WE: EQUESTRIAN:

(RA) (T) (C) (LG) (D) (RP)

(J) (CV) (R) (F) (P) (L)

_____
_____
_____
_____
_____
_____
_____
_____
_____
_____
_____

TH: EQUESTRIAN:

(RA) (T) (C) (LG) (D) (RP)

(J) (CV) (R) (F) (P) (L)

_____
_____
_____
_____
_____
_____
_____
_____
_____
_____
_____

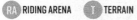 RIDING ARENA TERRAIN COURSE LONGEING DRESSAGE ROUND PEN

FR: _____ EQUESTRIAN: _____

_____
_____
_____
_____
_____
_____
_____
_____
_____
_____

SA: _____ EQUESTRIAN: _____

SU: _____ EQUESTRIAN: _____

_____
_____
_____
_____
_____
_____
_____
_____
_____
_____

 JUMPING   CAVALETTI   RIDE OUT  FREE JUMPING   PADDOCK   LETTING IT RUN

MO: EQUESTRIAN:

TU: EQUESTRIAN:

WE: EQUESTRIAN:

TH: EQUESTRIAN:

 RIDING ARENA 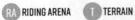 TERRAIN COURSE LONGEING DRESSAGE ROUND PEN

FR: EQUESTRIAN:

SA: EQUESTRIAN:

SU: EQUESTRIAN:

 JUMPING CAVALETTI RIDE OUT   FREE JUMPING PADDOCK LETTING IT RUN

MO: EQUESTRIAN:

RA T C LG D RP

J CV R F P L

TU: EQUESTRIAN:

RA T C LG D RP

J CV R F P L

WE: EQUESTRIAN:

RA T C LG D RP

J CV R F P L

TH: EQUESTRIAN:

RA T C LG D RP

J CV R F P L

 RIDING ARENA TERRAIN COURSE LONGEING DRESSAGE ROUND PEN

FR: _____ EQUESTRIAN: _____

_____
_____
_____
_____
_____
_____
_____
_____
_____
_____

SA: _____ EQUESTRIAN: _____

_____
_____
_____
_____
_____
_____
_____
_____
_____
_____

SU: _____ EQUESTRIAN: _____

_____
_____
_____
_____
_____
_____
_____
_____
_____
_____

 JUMPING   CAVALETTI   RIDE OUT   FREE JUMPING   PADDOCK LETTING IT RUN

Our monthly résumé

WHAT WE HAVE ACHIEVED

WHAT WE HAVE NOT ACHIEVED

WHAT HAVE WE LEARNED?

WHAT DID WE EXPERIENCE?

WHAT HAS CHANGED HEALTH-WISE?

WHAT HAS GOTTEN US FURTHER?

OUR MOOD WAS

PROBLEMS WE HAVE MASTERED   ISSUES WE WILL ADDRESS NEXT MONTH

TO-DOS

FINAL THOUGHTS

December

SUNDAY	MONDAY	TUESEDAY	WEDNESDAY
			01
CW 50 **05**	**06**	**07**	**08**
CW 51 **12**	**13**	**14**	**15**
CW 52 **19**	**20**	**21**	**22**
CW 53 **26**	**27**	**28**	**29**

THURSDAY	FRIDAY	SATURDAY
02	**03**	**04**
09	**10**	**11**
16	**17**	**18**
23	**24** CHRISTMAS	**25** CHRISTMAS
30	**31** NEW YEAR'S	

01 *December*

Wednesday

-
-
-
-
-
-

02 December   Thursday

-
-
-
-
-
-

03 December   Friday

-
-
-
-
-
-

04 December   Saturday

-
-
-
-
-
-

05 CW/49 *December*   *Sunday*

06 *December*   *Monday*

07 *December*   *Tuesday*

08 *December*   *Wednesday*

09 *December*   *Thursday*

-
-
-
-
-
-

10 *December*   *Friday*

-
-
-
-
-
-

11 *December*   *Saturday*

-
-
-
-
-
-

12 $\frac{CW}{50}$ December   Sunday

-
-
-
-
-
-

13 December   Monday

-
-
-
-
-
-

14 December   Tuesday

-
-
-
-
-
-

15 December   Wednesday

-
-
-
-
-
-

16   December   Thursday

-
-
-
-
-
-

17   December   Friday

-
-
-
-
-
-

18   December   Saturday

-
-
-
-
-
-

19 $\frac{CW}{51}$ *December*   *Sunday*

20 *December*   *Monday*

21 *December*   *Tuesday*

22 *December*   *Wednesday*

23 *December*   *Thursday*

-
-
-
-
-
-

24 *December*   CHRISTMAS   *Friday*

-
-
-
-
-
-

25 *December*   CHRISTMAS   *Saturday*

-
-
-
-
-
-

26 CW/52 *December* *Sunday*

-
-
-
-
-
-

27 *December* *Monday*

-
-
-
-
-
-

28 *December* *Tuesday*

-
-
-
-
-
-

29 *December* *Wednesday*

-
-
-
-
-
-

30 *December* *Thursday*

-
-
-
-
-
-

31 *December* NEW YEAR *Friday*

-
-
-
-
-
-

Last month...

... I ACCOMPLISHED

... I DID NOT ACCOMPLISHED

... I WAS GREATFUL FOR

... I WAS DEPRESSED BECAUSE

... HAS MADE ME HAPPY

... HAS BROUGHT ME FURTHER PERSONALLY

... WAS MY MOOD

...I HAVE FOUND A SOLUTION FOR

...I HAVE NOT FOUND A SOLUTION FOR

...I HAVE ACHIEVED THE FOLLOWING GOALS

FOR THE NEXT MONTH I PLAN TO

MO: EQUESTRIAN: _____

RA T C LG D RP

J CV R F P L

_____
_____
_____
_____
_____
_____
_____
_____
_____
_____
_____

TU: EQUESTRIAN: _____

RA T C LG D RP

J CV R F P L

_____
_____
_____
_____
_____
_____
_____
_____
_____
_____
_____

WE: EQUESTRIAN: _____

RA T C LG D RP

J CV R F P L

_____
_____
_____
_____
_____
_____
_____
_____
_____
_____
_____

TH: EQUESTRIAN: _____

RA T C LG D RP

J CV R F P L

_____
_____
_____
_____
_____
_____
_____
_____
_____
_____
_____

 RA RIDING ARENA T TERRAIN C COURSE LG LONGEING D DRESSAGE RP ROUND PEN

FR: EQUESTRIAN:

SA: EQUESTRIAN:

SU: EQUESTRIAN:

 JUMPING   CAVALETTI   RIDE OUT   FREE JUMPING   PADDOCK   LETTING IT RUN

MO: _____ EQUESTRIAN: _____

(RA) (T) (C) (LG) (D) (RP)

(J) (CV) (R) (F) (P) (L)

_____
_____
_____
_____
_____
_____
_____
_____
_____
_____

TU: _____ EQUESTRIAN: _____

(RA) (T) (C) (LG) (D) (RP)

(J) (CV) (R) (F) (P) (L)

_____
_____
_____
_____
_____
_____
_____
_____
_____
_____

WE: _____ EQUESTRIAN: _____

(RA) (T) (C) (LG) (D) (RP)

(J) (CV) (R) (F) (P) (L)

_____
_____
_____
_____
_____
_____
_____
_____
_____
_____

TH: _____ EQUESTRIAN: _____

(RA) (T) (C) (LG) (D) (RP)

(J) (CV) (R) (F) (P) (L)

_____
_____
_____
_____
_____
_____
_____
_____
_____
_____

 RIDING ARENA TERRAIN COURSE LONGEING DRESSAGE ROUND PEN

FR: EQUESTRIAN:

(RA) (T) (C) (LG) (D) (RP)

(J) (CV) (R) (F) (P) (L)

SA: EQUESTRIAN:

(RA) (T) (C) (LG) (D) (RP)

(J) (CV) (R) (F) (P) (L)

SU: EQUESTRIAN:

(RA) (T) (C) (LG) (D) (RP)

(J) (CV) (R) (F) (P) (L)

 JUMPING   CAVALETTI   RIDE OUT   FREE JUMPING   PADDOCK   LETTING IT RUN

MO: _____ EQUESTRIAN: _____

RA T C LG D RP

J CV R F P L

_____
_____
_____
_____
_____
_____
_____
_____
_____
_____
_____

TU: _____ EQUESTRIAN: _____

RA T C LG D RP

J CV R F P L

_____
_____
_____
_____
_____
_____
_____
_____
_____
_____
_____

WE: _____ EQUESTRIAN: _____

RA T C LG D RP

J CV R F P L

_____
_____
_____
_____
_____
_____
_____
_____
_____
_____
_____

TH: _____ EQUESTRIAN: _____

RA T C LG D RP

J CV R F P L

_____
_____
_____
_____
_____
_____
_____
_____
_____
_____
_____

 RIDING ARENA TERRAIN COURSE LONGEING DRESSAGE ROUND PEN

FR: EQUESTRIAN:

RA   T   C   LG   D   RP

J   CV   R   F   P   L

SA: EQUESTRIAN:

RA   T   C   LG   D   RP

J   CV   R   F   P   L

SU: EQUESTRIAN:

RA   T   C   LG   D   RP

J   CV   R   F   P   L

 JUMPING   CAVALETTI   RIDE OUT   FREE JUMPING   PADDOCK   LETTING IT RUN

MO: EQUESTRIAN:

(RA) (T) (C) (LG) (D) (RP)

(J) (CV) (R) (F) (P) (L)

TU: EQUESTRIAN:

(RA) (T) (C) (LG) (D) (RP)

(J) (CV) (R) (F) (P) (L)

WE: EQUESTRIAN:

(RA) (T) (C) (LG) (D) (RP)

(J) (CV) (R) (F) (P) (L)

TH: EQUESTRIAN:

(RA) (T) (C) (LG) (D) (RP)

(J) (CV) (R) (F) (P) (L)

 RIDING ARENA TERRAIN COURSE LONGEING DRESSAGE (RP) ROUND PEN

FR: EQUESTRIAN:

SA: EQUESTRIAN:

SU: EQUESTRIAN:

 JUMPING   CAVALETTI   RIDE OUT   FREE JUMPING   PADDOCK   LETTING IT RUN

Our monthly résumé

WHAT WE HAVE ACHIEVED

WHAT WE HAVE NOT ACHIEVED

WHAT HAVE WE LEARNED?

WHAT DID WE EXPERIENCE?

WHAT HAS CHANGED HEALTH-WISE?

WHAT HAS GOTTEN US FURTHER?

OUR MOOD WAS

PROBLEMS WE HAVE MASTERED

ISSUES WE WILL ADDRESS NEXT MONTH

TO-DOS

FINAL THOUGHTS

Made in the USA
Monee, IL
01 November 2021